培养有国际竞争力的中国孩子

成长每天学院

培养有国际竞争力的中国孩子

高情商妈妈的温柔批评课

[日]金盛浦子·著
王筱敏·译

中国经济出版社
CHINA ECONOMIC PUBLISHING HOUSE

·北京·

图书在版编目（CIP）数据

高情商妈妈的温柔批评课／（日）金盛浦子著；王筱敏译．--北京：中国经济出版社，2022.5
（全球教子智慧书系）
ISBN 978-7-5136-6790-6

Ⅰ.①高… Ⅱ.①金… ②王… Ⅲ.①儿童教育-家庭教育 Ⅳ.①G782

中国版本图书馆 CIP 数据核字（2021）第 267326 号

SHIKATTA ATO NO "HITOKOTO" DE KODOMO GA KAWARU
Copyright © 2009 by Urako KANAMORI
First published in Japan in 2009 by PHP Institute, Inc.
Simplified Chinese translation rights arranged with PHP Institute, Inc.
through CREEK & RIVER CO., LTD. and CREEK & RIVER SHANGHAI CO., Ltd.

著作权合同登记号：01-2015-8089

选题策划	崔姜薇
策划编辑	张　博
责任编辑	王骏雄
责任印制	马小宾
封面设计	任燕飞装帧设计工作室
插画设计	赵月焱
出版发行	中国经济出版社
印刷者	北京富泰印刷有限责任公司
经销者	各地新华书店
开　本	880mm×1230mm　1/32
印　张	6
字　数	119 千字
版　次	2022 年 5 月第 1 版
印　次	2022 年 5 月第 1 次
定　价	58.00 元
广告经营许可证	京西工商广字第 8179 号

中国经济出版社　网址　www.economyph.com　社址　北京市东城区安定门外大街 58 号　邮编 100011
本版图书如存在印装质量问题，请与本社销售中心联系调换（联系电话：010-57512564）

版权所有　盗版必究（举报电话：010-57512600）
国家版权局反盗版举报中心（举报电话：12390）　　服务热线：010-57512564

译者序

翻译了《智慧妈妈的两个孩子养育课》之后,我与本书的策划编辑都被作者金浦盛子的家教著作深深吸引。

我记得日本影星松岛菜菜子生子息影复出后出席电影发布会接受记者采访时,记者问她:"在我们心中,您的形象一直是温柔善良的,那么您的小孩淘气时,您会发火吗?"一提到孩子,松岛菜菜子脸上忍不住绽放出笑容说:"小孩当然会淘气,我当然也会发火。尤其早晨要上幼儿园时,孩子慢慢腾腾出不了门,我就会站在门口大声嚷嚷'快点啊,要迟到啦!'"她一边说,一边举起手来做出招呼孩子的手势。我仿佛看到了她每日在家的情景,松岛菜菜子的形象也立刻变得更加亲切。

所谓的温柔批评,实际上就是"打一大棒,再给个甜枣",当妈妈为孩子焦头烂额地忙碌之时,总会变得急躁,对孩子硬邦邦地甩上几句话。仿佛做了孩子妈妈就有资格如此发脾气,可这些生硬的话语会给孩子稚嫩的心灵造成很大的伤害!妈妈怎能忍心伤害孩子的心呢?当然,妈妈也不是圣人,也会在工作生活中失去耐心。而这本书教我们的,正是如何培养对孩子的耐心,如何在对孩子发火后进行补救,怎样对孩子说话,才能让他们的心灵不再受伤。

有人说,为人父母是一种修行,父母的言传身教在潜移默化中会对孩子产生巨大影响。记得在我6岁那年,我看到在厨房忙碌的妈妈很辛苦,于是我给妈妈倒了一杯水,可因为手滑不小心把杯子打碎了。妈妈当时非常生气,她厉声批评我只会捣乱,我心里十分委屈。结婚、怀孕后,我与妈妈聊起孩子的教育问题时,说起了这件事,妈妈却说完全不记得了。现在想来,我是可以理解妈妈的,她年轻的时候,每天上6天班,周末只休息1天,休息的那一天还要在家里洗洗刷刷忙个不停,妈妈感慨说,那时候一心扑在工作和生活上,有时无暇在意孩子的感受。

我们都希望在教育下一代时能够多一些耐心,能体会孩子的内心感受,不再让生硬的话语伤害孩子的心。

 译者序

  译完这本书后,我立即将之奉为圭臬,想把里面的内容熟记于心。作者体贴入微的建议让我十分感动,我希望在繁忙的工作生活之余,可以给我的孩子更多的关心和体贴。我相信各位读者朋友一定也是这么想的,让我们一起加油吧!

  特别感谢为本书的翻译工作做出贡献的佟晓威、王振华和王淑梅。

王筱敏

作者序

如果您的家里有一个上幼儿园或是上小学的孩子，相信您每天都会忙得焦头烂额吧。我养育了三个孩子，虽然现在他们都已长大成人，但我偶尔回忆起当年养育他们最忙碌的时候，总忍不住会想：这么多年我还真是挺不容易的。做妈妈最重要的就是要精力充沛，和孩子们相处的时间对我来说是最宝贵的，每次只要想到这点，无论再忙再累，我也能坚持下去。

各位整日辛劳的妈妈，请大家把肩上沉重的担子放一放，让我们一起给心灵做个 SPA 好不好？大家可能会有各种各样的烦恼："我每天那么忙，那么辛苦，可孩子一点儿也不听话！""孩子越来越难管了，我真是着急啊。"不如我们一起来探讨一下，该如何解决这些养育子女的烦恼吧。

我本身是三个孩子的母亲，同时也做心理咨询的工作。到目前为止，我为很多母亲提供过育儿方面的心理服务。我相信这本书也能给各位提供一些帮助。

孩子就像小天使一样，天真无邪，会让父母疼爱万分。但同时，孩子又总喜欢乱摸乱碰，随时有可能弄坏东西，父母的视线真是一刻也不敢离开他们。有时，妈妈可能会不假思索地对孩子大声呵斥："不行！""你快住手！""你给我老实点！"

当孩子上学后，妈妈要惦记的事情会变得越来越多，孩子能不能听老师的话，用功刻苦学习，交到几个知心朋友……虽然不了解孩子在自己视线之外是怎样的状态，但妈妈总是会不厌其烦地对孩子耳提面命："你要好好努力啊。""别总让老师批评你！"那么妈妈的良苦用心是否真正传递到了孩子的心里呢？

其实，大多数孩子不仅能够接受妈妈所说的话，也能够体会妈妈的感受。但如果某个时刻妈妈非常生气，愤怒的情绪就会直接传递给孩子。如果妈妈焦虑不安，想也不想就对孩子说"不"，这样的情绪也会直接影响到孩子，孩子很有可能会因此而产生负面情绪。

让我们一起以积极的态度向前看，以轻松的心情养育孩子吧！

金盛浦子

第一章　败给怒火的话

1. "我要说多少遍你才能记住！"　3
2. "太吵了，你别哭了！"　7
3. "你别老缠着我，差不多就行了！"　11
4. "你太过分了，再闹妈妈就生气了！"　15
5. "我不是说了不行吗，你怎么这么不懂事啊！"　19
6. "你真是个坏孩子！"　23
7. "怎么说都不听，你怎么这么任性啊！"　27
8. "都是因为你，耽误这么多事！"　31

第二章　将孩子拒之千里的话

9. "你太烦人了,自己去看电视吧!"　37

10. "哎呀,不知道,随便你吧!"　41

11. "你要是不听我的话,我就告诉你爸爸!"　45

12. "快点啊,你再不来我就走了!"　49

13. "小孩子一边去!"　53

14. "哎呀,反正也指不上你!"　57

15. "你爱怎么样就怎么样吧!"　61

16. "你怎么这么不懂事啊,我是这么教你的吗!"　65

17. "你啊,根本不像我们家的孩子!"　69

18. "我真不想要你这样的孩子,你走吧!"　73

第三章　制造痛苦的话

19. "你说的谎话,我可都知道!"　79

20. "你就是因为这样才那么招大家讨厌!"　83

21. "都是你不好!"　87

22. "真磨蹭,你能不能快一点!"　91

23. "你无论干什么,都是半途而废!"　95

24. "你长这么高,一点儿用都没有!"　99

25. "你怎么那么像你爸,真让人受不了!"　103

26. "你太不把我放在眼里了!"　107
27. "你还觉得自己挺不错的,真可笑!"　111

第四章　不为孩子着想而说的话

28. "你倒是拿出点干劲儿啊,只要你肯干,就没有干不成的事!"　117
29. "你一会儿再玩不行吗!"　121
30. "我是为你着想才这样说的!"　125
31. "你说的是异想天开的梦话!"　129
32. "你怎么就不能像别人家的孩子一样!"　133
33. "你是做哥哥/姐姐的,不觉得丢人吗?"　137
34. "你哥哥/姐姐才不会做这种事呢!"　141
35. "你是男孩子,给我忍着!"　145

第五章　边叹气边说的话

36. "你的注意力怎么一点儿都不集中啊!"　151
37. "你啊,真是没长性!"　155
38. "真是的,你不觉得在邻居面前丢人吗!"　159
39. "你这个孩子啊,做事前能不能先动动脑子!"　162

40. "你啊,总是这个样子。上次你就是这样……" 166

41. "你怎么就不能安静一会儿!" 170

42. "你啊,要是××一点就好了!" 174

结语 178

第一章
败给怒火的话

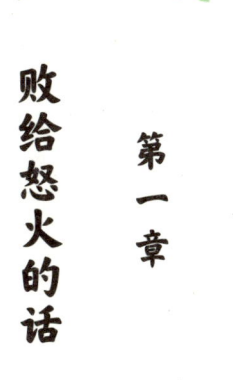

第一章　败给怒火的话

1."我要说多少遍你才能记住!"

无论我说几遍都不行，孩子根本不听

清晨起床后，眼看去幼儿园就要迟到了，可孩子还是不紧不慢地看着电视，打着游戏，让他干什么都是磨磨蹭蹭的。

妈妈站在门口反复催促："快点儿换衣服要出门了！""赶快来吃早饭。"孩子却仿佛听不见一样。妈妈一边急着想要赶快送孩子出门，一边惦记着家里的家务还没来得及做，真是恼火。

就在这时，妈妈气急败坏地对孩子嚷嚷一句："我还要说多少遍你才记得住啊！"对妈妈来说，每天早上其实是一天当中最忙碌的时间。因为要同时处理很多事情，妈妈恨不得每件事都能赶快解决。

然而站在孩子的角度来看，看电视节目或者打游戏实在是太有意思了，孩子总会不知不觉就被吸引过去了。

孩子被骂了通常会感到很委屈，觉得"那么有意思的游戏，妈妈为什么就不能理解我想多玩一会的心情呢。"或者"我其实也不想看电视,不想玩游戏,但就是停不下来。妈妈为什么就不能理解我的感受呢,真讨厌啊!"

不用责备孩子,妈妈可以温柔地提醒孩子

成年人的世界里,也常常会有我们明明知道不能做、不该做,却如何也停不下来的事情。例如玩电子游戏、打牌、酗酒、抽烟等。所以,我们叉腰指责孩子停不下手里的游戏其实也是没道理的。

妈妈可以心平气和地告诉孩子:"这个游戏,现在该停下来了。宝宝的耳朵听得最清楚了,每次妈妈只说一遍,你立刻就能做到。"用温柔的话语纠正孩子的行为,妈妈的心思也能更好地传递到孩子心里。

有时候,妈妈也需要安静地在一旁观望,等待孩子自己发现需要做什么,这样的坚持是非常有必要的。如果妈妈凡事都要指挥孩子——你去做这个,你去做那个,很难培养孩子对事物的控制能力。

"要是任由孩子的性子来,肯定会出事",很多妈妈都坚信这样的观点,其实这恰恰能够反映出妈妈的不自信。

请各位妈妈更加信任孩子吧。即使偶尔失败了也没有关系,我们常常能从失败中学到很多东西呢。

"这个游戏,现在该停下来了。"

妈妈可以在孩子耳边轻声说:"谁都不愿因为同样的事情被别人提醒好几遍。"接着妈妈不妨再换一个方式鼓励孩子:"你看,这件事很快就能做好!"

第一章 败给怒火的话

2."太吵了,你别哭了!"

孩子总是止不住哭泣,声音都变得嘶哑了

孩子在外面和小朋友打了一架,灰头土脸地回了家。他的内心充满了委屈、伤心和悔恨。他本来只是抽泣,但越想越难过,然后号啕大哭,完全停不下来。孩子一边摸着磕破的膝盖觉得疼痛难忍,一边哭泣,而且一声比一声大,简直震耳欲聋。

号啕大哭是孩子宣泄负面情绪的方式。我们都知道,想哭的时候如果能够大声哭出来,其实会轻松许多。

然而,大人们却总是被孩子哭得心烦意乱,等不及孩子止住哭声就大声制止:"别哭了,你是男孩子!"我们经常能看到父母用这样的说辞来要求孩子。其实我觉得这只是父母为了尽快制止孩子哭声的借口。

有的妈妈觉得孩子的哭声太吵了,而且孩子会没完没了地哭个不停,让人心烦意乱。这时,她们便压抑不住自己的脾气,大声指责孩子:"太吵了,你别哭了!"

可问题是，父母这样说，孩子就能止住哭声吗？事与愿违往往令孩子觉得委屈，哭声反而会越来越大。

其实孩子也想止住哭泣

孩子哭泣的时候在想什么呢？他们最希望父母能够理解自己为什么哭泣。尤其是在和朋友吵架吵后，或者身体不舒服的时候，他们希望能够得到父母的帮助，希望父母能够耐心地陪伴他们，容许他们痛快地哭完。其实在孩子的心里，他们也会觉得总是哭个不停其实并不好，他们也想赶紧停下来。

请父母理解孩子的感受，给予他们想要的关怀。妈妈可以一边温柔地擦拭他们脸上的泪水，一边轻声地安慰："人啊，只要一哭起来，就很难立刻停下来，是不是？"妈妈通过这样的话可以让孩子知道，您是理解他的，也能够让孩子逐渐平静下来。其实只要妈妈把孩子紧紧地拥入怀中，孩子就相对容易止住哭泣。

妈妈如果偶尔忍受不了孩子震天的哭声，也可以暂时避开，等孩子自己平静下来，再微笑着对孩子说："刚才你在练嗓门呢，是吗？"用这样的话语就可以让孩子知道自己是被父母所接受和认同的，孩子也会感到安心。

"只要一哭起来,
就很难立刻停下来,是不是?"

有时候,孩子同父母争吵之后,可能会哭得停不下来。这时候,妈妈最好能够主动上前,向孩子道歉:"对不起,妈妈刚才发脾气了。"这样亲子之间就不会心存芥蒂。

3."你别老缠着我,差不多就行了!"

孩子总在妈妈忙碌的时候缠着妈妈

妈妈如果是位职场女性,每天下班后,要急急忙忙地先去幼儿园接孩子,回家后还要张罗着做饭,照顾孩子吃饭、洗澡,忙得妈妈恨不得长出三头六臂。哄孩子睡下之后,妈妈仍不得空闲,还要洗衣刷碗,为明天的生活、工作做好准备。忙碌的生活令妈妈与孩子好好聊天的时间都没有。

即便妈妈是位全职母亲,不用上班,每天也要忙着做家务,忙着育儿,真正亲密的母子时间也是非常有限的。

孩子如果总是在妈妈做家务时,黏在妈妈身边,这种现象其实说明了平日母子间缺乏交流和肌肤接触。

妈妈如果不了解这一点,烦躁地对孩子嚷嚷说:"你怎么总黏着我啊,你别给我捣乱了行不行!"孩子听到这话,就有可能会怀疑妈妈是不是讨厌他了,他幼小的心灵会因此而受到伤害。

然而,大多数的孩子即便被妈妈如此责骂,也还是会扑到妈妈怀里撒娇。这样看来,孩子是多么坚强,招人怜爱啊!

哪怕一分钟也好,让我们紧紧地抱着孩子吧

孩子越小就越愿意一直黏在妈妈身边。这其实也是孩子很自然的一个状态。

当孩子慢慢长大,逐渐接触成年人的世界之后,他们的世界也会变得越来越宽广。到了那个时候,孩子就会自然而然地逐渐远离妈妈,不会再总黏着妈妈了。

不过,即使到了那个时候,长大的孩子也会偶尔萌发念头,想和妈妈再亲近一下,实实在在地感受一下妈妈的爱。这个时候,他们会跑到妈妈身边,向妈妈寻求抚慰。

在这个时候,妈妈无论在做什么家务,无论在忙什么事情,都请放下手上的事情,给孩子一个紧紧的拥抱吧。哪怕一分钟也好,妈妈的这个亲密举动会让孩子感受到满满的爱意。

最重要的是,当孩子有黏在妈妈身边的需求时,若妈妈能够满足孩子,孩子会感到安心。

如果妈妈当下不能满足孩子,妈妈也可以告诉孩子:"妈妈现在有一点忙,你稍微等一下好吗?"妈妈这样的说法,孩子是可以接受的。孩子相信妈妈,能够耐心地等待妈妈,这其实也是一个了不起的成长啊!

"其实啊,妈妈也想黏着你呢。"

> 妈妈可以像做游戏一样拉住孩子的手,对孩子说:"让我们大手牵小手好吗?因为我们是好朋友啊,妈妈好喜欢你啊!"这是促进母子交流非常好的一个方法。

4. "你太过分了,再闹妈妈就生气了!"

妈妈已经很忙了,孩子却总在"捣乱"

"你快收拾一下自己的玩具吧!"虽然妈妈已经交代了任务,可孩子还是在房间里懒散着不动,或者孩子想自己倒杯饮料喝,却笨手笨脚地把杯子摔碎了。

这个时候,妈妈会忍不住厉声斥责孩子:"你怎么回事啊,我说什么都不听,净给我添麻烦!"

其实,妈妈这也是在向孩子表明:"我的忍耐是有限度的。"孩子看到妈妈这个样子,也会觉得自己给妈妈添了麻烦。

妈妈每天辛苦忙碌,要做的家务堆积如山,时间却有限,但孩子对于这些往往是不能体会的。因为孩子对时间的感知力与成年人是不同的。

对孩子来说,他们往往只能把注意力集中在眼前的事情上。他们的每一个瞬间都充满了生命力。这也是孩子比成人更能体会人生乐趣的原因之一吧。

就让我们慢慢享受时间的流逝吧

如果我们无论说话做事总是要效率第一,可能就会失去人生中更为重要的东西了。

即使在工作、生活异常忙碌之时,我们也需要抽出时间来倾听自己内心的声音。

您可以试着对孩子说:"刚才妈妈没控制住自己的情绪,妈妈总是这么容易生气,真对不起。不过妈妈现在已经不生气了。"

如果妈妈总是认为家务劳动堆积如山,养育孩子劳心劳力,那么不妨偶尔用一次性餐具吃饭。用这个方法能节省很多餐后的收拾时间。您也可以带着孩子到街边的小公园,吃个饭团或三明治也不错呢。孩子也一定会很欢喜。

妈妈心情好了,才不会整日怒火冲天,这样孩子也会高兴。当我们找到内心的平静之后,才能逐渐发现人生中珍贵的事物。

高情商妈妈的温柔批评课

"真是对不起了,妈妈总是这么容易生气。但是妈妈现在已经不生气了。"

无论发生怎样的问题,父母和孩子都应拥抱对方,然后真诚地对对方说:"刚才的事,对不起了。"

5. "我不是说了不行吗，你怎么这么不懂事啊！"

不想让孩子做什么,他就偏做什么

"你不许四处乱跑,也不许大声吵闹。你看你,又不听话了,怎么我说什么你都好像听不见一样啊。你这孩子真是太没用了……"您是不是也会这样,嘴巴像机关枪一样对孩子"不许这个,不许那个"突突连发呢?

无论妈妈如何的"这也不许,那也不许",孩子还是把妈妈的话当成耳旁风。其实孩子之所以不听妈妈的话,是因为他们并没有理解不许做这件事的原因。

如果妈妈不向孩子解释为什么"不许做",而只是强迫孩子接受,孩子只会觉得自己被禁锢得连喘息的空间都没有。其实成年人也是如此,如果老板或者上司总是"不许这个,不许那个",员工的心里也会满是伤痕。

妈妈口中的"不许做"到底有多少呢?如果我们仔细数一数的话,可能这个"不许做"的单子长得能绕地球好几圈呢。

其实，对于孩子来说，真正"不能做"的事只有两件，即不能自杀，不能犯罪。

其他的任何事情都好说。妈妈不妨这样想，如果孩子正做着一件无关紧要的事，就由他去吧，这样"不许做"的事情就会少很多。

妈妈要向孩子解释"不许做"的原因

您如果住在公寓楼里，可能会被楼下的邻居投诉，因为您家孩子每天在家里跑来跑去的声音实在是太吵了。

小孩子精力旺盛，不爱慢慢走，做什么都喜欢蹦蹦跳跳的。但我们又不能总给楼下的邻居添麻烦，所以可能连父母自己也不情愿教训孩子，可还是要告诉孩子："不能在家里到处乱跑啊。"

在这个时候，父母要向孩子解释清楚，为什么不要在家里乱跑。如果父母觉得反正孩子也不懂，解释也是白费时间，孩子只会更迷糊，不懂的还是不懂。

"咱们在家里走动是会发出声音的，要是你总是跑来跑去的，很可能会打扰到楼下的邻居休息。我们都喜欢安静不喜欢吵闹对不对？所以，你以后要注意尽量不要在家里乱跑。"

如果父母这样解释清楚的话，孩子是可以理解的。

每个人都需要与周围的人和谐相处，父母也可以在地板上铺一个隔音的垫子，当孩子看到父母这样做时也会有所感悟。

孩子精力充沛,但在一些场合,
孩子也需要保持安静。

> 妈妈在呵斥孩子之前,请先做一下深呼吸。通过深呼吸,妈妈就可以想出更好的话语,告诉孩子"与其这样做,不如那样做更好",这样说更容易令孩子接受。

6."你真是个坏孩子!"

这个孩子总是干坏事,我真是受够了

孩子在外面踢足球,不小心大脚开球把邻居家的窗户打破了;孩子和朋友打了起来,人家的家长带着孩子找上门来了。

如果发生了这种情形,妈妈一定会对想溜走的孩子大喝一声:"你啊,真是个坏孩子啊",这种情况恐怕不少见吧。

妈妈只顾着发火,却完全没有告诉孩子为什么他是个"坏孩子"。父母不由分说地就给孩子扣上了一个"坏孩子"的帽子,可孩子还是不知道到底怎样做才对,父母实际上并没有帮助孩子改正错误。

如果父母对孩子说了"你是个坏孩子"这样的话,实际上就是从本质上否定了孩子,也给孩子的心灵造成了难以弥补的伤害。所以妈妈一定要注意,这是绝对不能说的"危险语言"。

如果妈妈能够平心静气地想一下,就会发现孩子有时候可能都会发生一些糟糕的情况,但他们并不是坏孩子。

认识到了这一点,妈妈也会相应调整自己的话了。

孩子做事是有理由的,请妈妈能够耐心聆听

如果因为孩子的行为造成了某些坏情况的发生,妈妈就要和孩子一起来处理这个情况。

如果需要道歉,妈妈就要向对方诚恳道歉,孩子也要亲自说"对不起"。另外,妈妈也要给孩子申辩的机会,让孩子解释一下,为什么会发生这样的事情。

虽然打破了邻居家的玻璃,但"我不是故意的";和朋友打架可能是因为"我不想输给他",让孩子讲一讲他当时的想法。

妈妈首先要做的就是放宽心,认真聆听孩子的想法。在听孩子说话的时候不要立刻说"这就是你的不对!"父母应该相信,孩子自己有明辨是非的能力,这一点非常重要。

"这次是我的不对,我做错了,以后一定会注意的。"

孩子如果能反省自己的言行的话,妈妈就不必再多说什么了。给孩子做些他爱吃的东西,和孩子一起开开心心地聊聊天,吃吃饭吧。

"你为什么会做这样的事呢,
能不能告诉妈妈呢?"

> 如果妈妈一不小心说出了"你真是个坏孩子!"这样的话,最好能够立刻纠正过来,说"啊,我说错了。我刚刚想说的是,这件事情可真麻烦啊!"

7."怎么说都不听,你怎么这么任性啊!"

孩子是不会对父母百依百顺的

小孩子主意大着呢,他们总琢磨着要做点什么。但如果凡事都由着孩子的性子来,妈妈也常常得跟在孩子屁股后面收拾残局。

"妈妈说的话你要听啊,不能自己想干什么就干什么,得考虑周围人的感受啊!"妈妈一定要向孩子讲清楚,让孩子接受这个观点。

孩子如果不能理解这一点,而只是听着父母一味地怒骂:"我说什么你都不听,你怎么这么任性啊!"孩子就会觉得伤心委屈。这样对孩子的成长是很不利的,他们的心理状态也会变得不稳定,孩子以后可能会变得张扬跋扈。

有时候,如果孩子能够理直气壮地说出一些理由,让父母觉得孩子好像挺懂事的。但这就像我们抱着一个不知何时会爆炸的火药桶一样,其实并不安全。

如果父母非常强硬地压制孩子的个性，让孩子压抑自己的心思，就有可能会发生厌学、校园暴力等较为严重的问题。如果孩子的心理不能得到调适，很有可能会引起更大的问题。

父母和孩子之间要多交流

父母往往会想让孩子上条件较好的私立小学，但孩子却可能很抗拒私立小学。在父母和孩子意见相左的情况下，面对尚处年幼的孩子，父母一定要注意与孩子沟通的方式。

孩子可能更希望和要好的朋友一起到家附近的小学上学，或是孩子听说上私立学校要参加入学考试，多少有点害怕。

"你能不能告诉妈妈，你究竟是怎么想的呢？如果你告诉妈妈，我们就能一起想方法解决。妈妈的意见也许不能百分之百随你心愿，但是起码能给你提供一个参考。"

如果父母能说出如此贴心的话，照顾孩子的情绪，倾听孩子的想法，孩子就会相对容易说出内心真正的想法。

最重要的是，父母要营造一个能让孩子倾吐心声的氛围。在还不了解孩子的真实想法的时候，父母一定要先耐心问问孩子究竟是怎么想的。

"可能我帮不上你的忙,
但我很想知道你为什么想那么做?"

"我说什么话你都不听,你太幼稚了!"在一口否决孩子之前,妈妈可以先仔细想一下孩子不听话的原因。妈妈只要了解了缘由,也就相对容易找出解决问题的办法。

8."都是因为你,耽误这么多事!"

做事无法按照计划执行

有的职场女性婚后意外怀孕了,导致生子这件事比原计划要早很多,她们可能因此不得不辞职做全职妈妈。她们的朋友传来信息说,好久不见,想要聚一下,但她们的孩子还小不能把孩子一个人留在家里,所以,她们连自己最想参加的好友聚会也去不成。计划已久的家庭旅行出发在即,孩子却突然发起了高烧,于是她们不得不取消机票、酒店订单,留在家里照顾孩子。真是状况百出啊。以上这些情况,很容易令妈妈心中堆积很多不满的情绪。妈妈连连遭到打击,难免心烦意乱地说出一些令自己都感到吃惊的话,说完也会后悔不已。

"都是因为你,什么事都干不成了!"

其实,孩子听到这话,受到的打击会比妈妈更加严重。因为他们会觉得自己总是给妈妈添麻烦,总让妈妈不顺心。孩子也会沮丧地觉得自己变成了妈妈的负担,要是自己不存在的话,妈妈就不会这么生气了。

如果一个人觉得自己毫无价值，自己的存在毫无意义，这恐怕是世界上最悲伤的事情了吧。因此，妈妈们一定不能让孩子产生这样的想法。

父母的冲动可能会令孩子非常不安

如果发生了麻烦的事情，有的妈妈会立刻劈头盖脸地教训孩子，这很可能与妈妈自己的一些成长经历有关吧。

在有了一些不太愉快的童年经历后，现在的您作为妈妈，会是怎样的一个状态呢？

请您仔细想一想，是不是总觉得，家里即使有老人在帮忙照料孩子，自己还是会忙得焦头烂额；丈夫整日忙于工作，时常不在家，也帮不上忙；自己身边连一个能商量事情、吐苦水的人都没有。

如果妈妈总是一个人又要操持家务又要照顾孩子，每天从早到晚忙个不停，难免会心烦意乱。这个时候，妈妈童年时从自己母亲那里感受到的负面情绪就很容易反映出来。

如果您觉得自己忍不住快要发火时，请尽快做深呼吸调整一下情绪，让自己的内心平静下来。

高情商妈妈的温柔批评课

"对不起啦,妈妈正在气头上。
给我一点时间,让我深呼吸冷静一下。"

如果父母总是责怪孩子捣乱、不争气,孩子很有可能会成长为一个厌恶自己,对自己评价很低的人。

第二章 将孩子拒之千里的话

9. "你太烦人了,自己去看电视吧!"

孩子总是缠在身边,妈妈连家务都做不了

暮色将至,差不多又到了该准备晚饭的时间了。可是孩子还缠在妈妈身边,离不开妈妈。妈妈已经陪孩子玩了很长时间,也有些疲倦了,于是妈妈不耐烦地说:"你太烦人了,自己去看会儿电视吧。"这样的场景恐怕每个家庭都经历过吧。

到了傍晚时分,孩子依旧守在电视机旁看节目看得津津有味,妈妈却在一旁唠叨说:"你怎么还在看电视啊,赶快写作业去。"

妈妈的说法前后矛盾,让孩子无所适从。孩子想着还是不要惹妈妈生气了。久而久之,孩子就会养成看妈妈脸色过日子的习惯。

趁着做晚饭的时候,妈妈不妨和孩子亲近一下,让孩子帮忙打下手。"你要不要和妈妈一起做饭啊?你如果愿意给妈妈帮忙,妈妈会很高兴呢!"

孩子从小就参与家务劳动的话,可以自然而然地学会很多

生活技能。这对孩子的成长是很有好处的,也可以令孩子在生活上更加独立。

即便手头的家务增多了,但能够一直守望着孩子是很幸福的

做饭、洗衣服、打扫房间……这些家务活,妈妈们都希望孩子能够帮忙。但孩子常常会帮倒忙,反而让家务增倍。有很多妈妈对此都烦恼不已。

有的妈妈觉得孩子在添乱,对孩子抱怨着"你可真行"的时候不少吧。如果我们看到孩子在努力试着做好一件他原本不擅长的家务劳动时,妈妈难道不应该高兴吗?

孩子是通过反复练习、反复犯错来实现自我提升的。父母能够看到孩子如此成长,应该觉得幸福。

当母子一起做饭的时候,孩子会感慨:"蔬菜有各种各样的颜色,真漂亮!"在晴朗的日子里,母子一起晒衣服的时候,孩子会特别开心地说:"今天天气真好,衣服可以晒得香香的!"妈妈也可以告诉孩子:"妈妈能有你这样一个好帮手,真是太满足了!"能和孩子一起度过愉快的时光,作为父母,您一定觉得很开心吧!

"比起看电视,
我更想和妈妈一起干活。"

让年龄小的孩子帮忙做家事可能会有点难,但如果我们能让孩子看着妈妈是如何做家务的,也能让孩子获得珍贵的体验。

10."哎呀,不知道,随便你吧!"

这个孩子太任性了,总是任意妄为

妈妈反复催促孩子写作业,可孩子还是不肯,敷衍地说"一会儿就写",却还只顾着看漫画书。妈妈忍不住便发火了,一通责骂:"我不管你了,你爱怎么样就怎么样吧!"

孩子如果这时候照做了,妈妈也会继续抱怨:"你怎么不早听我的话。"虽然妈妈说了"你爱怎么样就怎么样吧",但也只是随口一说,本意并不是让孩子随性而为。妈妈真正想说的没说出口,不仅发了脾气,还生了一肚子闷气。

其实,这种矛盾的心态和话语不仅让妈妈郁闷,也会让敏感的孩子无所适从。孩子既不能像妈妈说的"爱怎么样就怎么样",也不能按妈妈之前要求的那样立刻去写作业。孩子左右为难,无论怎样做都会惹妈妈生气,还要被劈头盖脸地训斥一顿。

最后,孩子可能会觉得妈妈发火的样子太可怕了,才不得已去写作业。但孩子在内心深处否定了自己,长久以往,孩子便会丧失自信心。

在责备孩子之后，妈妈要马上进行安抚

很多时候，妈妈是一时生气，在气头上随口甩出几句狠话。虽然妈妈说的并不是真心话，可孩子听到妈妈硬邦邦地说"你爱怎么样就怎么样吧，我不管你了"，也会对孩子产生非常消极的影响。

孩子听了类似的话后会觉得自己很没用，连妈妈都不再管自己了，自己更不可能被别人信任。这样一来，就会导致孩子今后在与他人相处的过程中，很难接受他人的好意，也很难处理好自己的问题。

如果妈妈一时失言，暴怒下对孩子说出了这样过分的话，请妈妈一定要立即安抚孩子。

妈妈可以转换一下自己的心情，然后对孩子说："不管发生什么事情，妈妈都是最喜欢你的，觉得你是最可爱的！"妈妈也可以蹲下身来，轻声细语地对孩子进行安抚："你看这本漫画书看得这么入迷啊，那你能不能告诉妈妈，这本漫画书哪里最有意思呢？"这样，妈妈也可以把自己的心思准确地传达给孩子："这本漫画真不错呢。不过，现在该开始写作业了。"孩子便能够接受妈妈的建议了。

"这本漫画书哪里最有意思,你能不能和妈妈分享一下啊?"

"这本漫画书还真让人爱不释手呢!"如果妈妈能这样说,孩子也能够意识到自己是不是过分专注看漫画了。

11. "你要是不听我的话,我就告诉你爸爸!"

就得让厉害的人治治他才行

孩子有时候会撒个小谎，或是做点小坏事，有的妈妈会在这个时候吓唬孩子说："我一会儿就把你做的坏事告诉你爸爸去！"或者"我回头就带你去见警察！"相信这样做的妈妈一定不少吧。

虽然妈妈并没有当场大声嚷嚷或者惩罚孩子，但是吓唬孩子说要找一个更厉害的人批评他，这样的做法真的合适吗？

如果妈妈认为小时候自己的妈妈就是这样说的，自己这样说肯定也没问题，那就大错特错了。

对孩子来说，警察、父亲、老师可能都是他在这个世界上害怕的人。妈妈说会把他犯的错误告诉这些人，孩子就会很害怕被惩罚，今后再想做什么，就会因害怕被批评而罢手了。

与其给孩子讲大道理，
不如给孩子讲个好话题

爸爸总是忙于工作，在家里的时间本来就不多，和孩子一起相处的时间更是十分有限。因此，妈妈对爸爸说起孩子的种种情况时，爸爸基本上都会相信。如果妈妈告状说孩子犯了错，爸爸往往在并不了解事情的具体情况就不由分说地对孩子一通说教。

在这种情况下，孩子就会对父母产生不信任感，觉得"爸爸完全是听了妈妈的一面之词"。其实孩子这么想也是不无道理的。

妈妈可以从另一个角度来处理这件事情。

"今天你在学校里被老师表扬了。一会儿爸爸回来，我就告诉他！"

妈妈的这一句话就能换来孩子的一夜好梦。第二天清晨，爸爸一边微笑，一边对孩子说："妈妈昨晚告诉我了，你被老师表扬了！"这时，孩子会多么高兴，晚上做梦的时候，也一定记挂着"爸爸妈妈夸奖我了！"孩子的梦境也会是甜美的。

高情商妈妈的温柔批评课

"我一会儿告诉爸爸,
今天你表现得特别好。"

> 妈妈其实应该时常反省自己,常对孩子说要向孩子爸爸告状的说法是不对的。

12. "快点啊,你再不来我就走了!"

孩子总是磨磨蹭蹭的，我总是等得心急如焚

有的孩子，无论妈妈说什么，都能分辨出哪句是真话，哪句是假话，哪句是气话，哪句是实话，然后会做出一些出人意料的行为。

临出门的时候，妈妈站在门口说："你快点啊，你再不出来我就走了啊！"但孩子只要回答"马上"或者"等等我"的话，妈妈就不得不再多等一会儿。如果妈妈发现孩子有这样的行为，就应该反省一下自己平日的行为，因为孩子有可能是在模仿妈妈行事。

妈妈如果说了"我先走了啊"，就真的要把孩子留在家中自己先走。即便孩子尚处年幼，也请把他暂时留在家中，自己先走。妈妈说话是要算数的，说过的话就要实现，让孩子了解这一点很重要。

我的孩子很了解我的这种作风，在我的催促下，他们会一边忙着说"稍等一下"，一边抓紧时间。他们都知道一定要在约定的时间之内按时完成某件事情。

家长和孩子之间要建立起更加信任的关系

在家里，只要我说"再过5分钟我就出发了，如果谁没准备好，就留在家里"，那我一定会这样做的。听了我的话，可能有的妈妈会这样说："我孩子还小呢，才刚上幼儿园。把那么小的孩子一个人留在家里，我可不放心啊，您的做法我可做不到。"

妈妈担心的事情总是无穷无尽的。如果父母不在，孩子一个人在家，来了盗贼怎么办？发生了火灾怎么办？

我非常信任孩子的能力。我相信他们能够守护好这个家，也能保护好自己。孩子从小就被我悉心教导应该如何锁紧门窗，如何处理厨房里的火源。我相信如果发生了什么事，孩子也一定能够处理好。

如果父母和孩子建立起足够的信任的话，父母就不会做过度保护或者过分宠溺的事情了。

"妈妈对你一点也不担心啊!"

> 如果孩子不需要别人帮忙,就能自己穿好衣服,妈妈就应该表扬孩子说:"你真棒,妈妈真为你感到高兴!"

13."小孩子一边去！"

大人正说话呢，小孩别插嘴

妈妈有时会带着孩子去附近的超市买东西，在回家的路上，偶遇到了熟人，于是妈妈便与熟人说起话来。本想只说两句就结束，可两人一旦打开话匣，聊天的时间可能就会比预想的要长很多。

两位妈妈见面难免就会聊到自己丈夫的事，一个说"最近我老公每天回家都很晚"，另一个说"我老公那么辛苦，工资也不给涨一涨"。妈妈聊天的内容总有一些是不想让孩子听到的。

这时候，不少妈妈会把孩子支到旁边，"这些话不是小孩子听的，你到那边玩儿去"。

其实，站在孩子的角度来看，妈妈的话是很难理解的。即便他老实地站在原地没有出声，但心里肯定会想："妈妈，我们快点回家吧。你们要聊到什么时候啊！"

有时，孩子可能会对妈妈们的聊天内容很感兴趣。他们假装在一旁玩，实际上，妈妈们说的每句话都被他们听进了耳朵里，这种情况可不少见呢。

妈妈们不要认为，大人的事情，小孩子不能插嘴，或者觉得小孩子会给大人捣乱。这种想法其实对孩子很不礼貌。妈妈们一定要认识到这一点。

让你等妈妈这么久，真是抱歉啊

妈妈如果不想让孩子听到大人之间谈话的内容，妈妈就应转移位置，而不是把孩子支到一边。

妈妈应该理解孩子，在等候大人聊天的时候是十分无聊的，所以要适时地对孩子说："让你等这么久，真是抱歉啊。妈妈想了解一些事情，但暂时要对你保密。我们在聊怎样才能做出好吃的点心呢。"妈妈可以这样半开玩笑地向孩子解释。

另外，如果妈妈们所聊的话题比较隐晦，确实需要回避孩子，那么谈话最好不要在路边进行。

如果夫妻二人要讨论一些很重要的话题，不妨等孩子睡下后，或者在孩子上学之后再仔细商量，岂不更好？

很多爸爸工作繁忙，回家时已是深夜。夫妻双方很难有独处的时间。相信不少家庭会面临这样的困扰。我给您提个建议，您可以把孩子先托放在邻居家，然后趁周末休息，两人一起出去逛一逛，等到下个周末，再把邻居家的孩子请到家里来，让邻居家的夫妻二人也可以有独处的时间。这个主意，您觉得如何呢？

高情商妈妈的温柔批评课

"妈妈想要了解一些事情,
但暂时要对你保密!"

妈妈说话时让孩子回避,从某种角度来说,这其实也是一种自私的行为。

14."哎呀,反正也指不上你!"

孩子总是不能给我帮忙

有很多妈妈爱对孩子嚷嚷,对孩子发火也是常事,唯独不会表扬孩子。有的妈妈可能会觉得,表扬孩子的话太过于肉麻了,羞于说出口吧。

如果我们能够冷静地想一想,可能就会明白,父母和孩子都是具有不同人格的独立个体。那么作为独立的个体,妈妈不要忘记人际交往的基本准则:该生气的时候可以生气,该表扬的时候也得表扬,该讲礼貌的时候也应对孩子讲礼貌。

如果妈妈吩咐孩子做事,妈妈就应该对孩子表示感谢。不过,也有不少妈妈觉得让孩子干家务是天经地义的事,连对孩子说一句"谢谢"都没有。妈妈不仅不对孩子表示感谢,还在孩子做得不好时,冷冷地甩上一句:"你啊,我真是什么事都指望不上!"

尽量不要让孩子产生消极想法

"你怎么连这么简单的事都办不好啊!你啊,算了吧,我以后也不指望你做什么了!"

有的妈妈批评孩子的时候毫不留余地,言语刻薄,而且完全不给孩子解释的机会,事后也不会找机会与孩子和解。

如果妈妈是这种态度的话,孩子的心情也不会好,今后妈妈再让孩子帮忙做事时,孩子往往会不情愿,甚至会推三阻四。

为了让孩子以后能继续帮忙,并乐于帮忙,妈妈事后的安抚就非常重要。为了避免让孩子产生"我的劳动完全得不到妈妈的认可,我也得不到妈妈的信赖"这样消极的情绪,妈妈可能需要给孩子打打气。

即便孩子帮忙做事的时候会有小欠缺,妈妈也应对孩子努力帮忙的行为给予肯定。

"谢谢宝贝了,你能来帮妈妈,妈妈真高兴啊!"只要得到妈妈一句感谢的话,孩子就会心满意足。如果妈妈下次再吩咐孩子做什么事,孩子也会兴高采烈地去完成。

高情商妈妈的温柔批评课

"谢谢宝贝了,你真是帮了妈妈大忙了。"

妈妈向孩子发火后,自己也会感到难受。这时候,妈妈不用强迫自己马上转变态度,对孩子强颜欢笑。妈妈可以稍等片刻,之后找机会与孩子和解。

15."你爱怎么样就怎么样吧!"

孩子总把东西扔得到处都是，
用完也不知道收拾

有的妈妈爱干净，每天都会收拾房间，看不得家里不整洁，习惯所有的东西都摆在固定位置，东西用过之后要马上归位。

孩子玩得正高兴时，哪里顾得上家里是干净还是脏乱呢。

可能很多孩子暂时还未养成东西使用过后立即放回原处的好习惯。即便妈妈反复督促说："这些玩具不玩了，你赶快收起来啊。"孩子也常常收了这个玩具，而忘了那个玩具。

可能对孩子来说，他的想法是："那个玩具我一会儿还要继续玩呢，所以不用收起来，就先放在那儿吧。"孩子有这样的想法是理所当然的，他们也有自己的理由和判断。

妈妈不能理解孩子的这一想法，总因孩子四处乱放东西而烦躁，忍不住发脾气说："你想怎样就怎样吧，我说什么你也不听，以后我也懒得说你了。"

妈妈的情绪要通过语言表达

妈妈和孩子在做事方式上有所不同是再正常不过的事情了。妈妈理解了这一点后,也许就能同孩子一起悠闲地享受生活的乐趣了,而不会因看到房间稍有脏乱而烦躁不安了。

妈妈不妨可以这样想,房间里就算稍有脏乱也没什么大不了,最重要的是给孩子创造一个能够快乐玩耍的安全环境。

有时,妈妈可能觉得家里实在太乱了,会按捺不住想要尽快收拾干净。这时候,妈妈不妨躲到一个看不见这些脏乱东西的地方。妈妈可以在家中为自己布置一个专属角落,叫"妈妈独享空间"。正所谓"眼不见心不烦",悉心布置一下这个角落,使其成为您理想中的净土。

等孩子长大一点之后,这时候妈妈也可以明确告诉孩子:"玩具玩完后,你要记得全部收好。妈妈最喜欢家中干净整洁的样子了。"

通过这样的方式,妈妈和孩子互相理解,互相帮助,孩子也会因此更能理解妈妈的感受,配合妈妈的行动。

"我们一起好好整理一下你的书和玩具吧。

其实很多时候,妈妈因为其他事情心烦,且这种情绪无处发泄,转而对孩子发脾气。这一点,妈妈们一定要注意规避啊!

16. "你怎么这么不懂事啊，我是这么教你的吗！"

孩子总是顶嘴怎么办

如果孩子对父母的吩咐有什么不满,甚至对父母顶嘴,有的妈妈可能就会发脾气说:"你怎么这么任性啊,你这是什么态度啊,真不知道你这点到底像谁!""你怎么不懂事啊,我是这么教你的吗!"有的妈妈一碰到不顺心的事情,会把自己的责任撇干净,觉得问题都出在孩子身上。

孩子到底是由谁抚养长大的呢?当然是妈妈。孩子模仿妈妈的行为、语言慢慢长大,与妈妈的脾气秉性如出一辙。因此,孩子和妈妈在各方面都有相似之处,这难道不是理所应当的事情吗?

然而,妈妈现在对理所当然的事情全盘否定,这会令孩子感到"被妈妈拒绝了"或"被妈妈讨厌了",孩子会因此而伤心甚至会放声大哭。孩子在模仿中成长,他们最想成为的就是像妈妈一样的人。如果妈妈经常否定孩子,孩子怎会不伤心呢?孩子有可能会因被否定、被拒绝,在叛逆的路上越走越远。

即便孩子顶嘴，妈妈也要以温柔的态度对待

孩子在成长的过程中是有叛逆期的。第一次叛逆期一般在孩子两三岁的时候就出现了。在这个时期，孩子往往做什么都不愿意，对做很多事情都很抗拒。另外，孩子也会要求妈妈给予自己更多的关注，总爱黏着妈妈，这就是所谓的"返婴现象"。有时候，孩子可能会故意说一些过分的话，或是做一些"坏事"，惹妈妈生气。

在孩子度过第一个叛逆期后，接下来就是青春期了。很多孩子从小学高年级开始便进入青春期。他们开始与父母顶嘴，态度也十分恶劣。

父母在面对孩子的叛逆时总会很担心。如果孩子常对父母顶嘴的话，更是会惹得父母怒气横生。

叛逆期是孩子成长过程中的一个必经阶段。各位妈妈可以回想一下，自己年轻的时候是不是也经历过这一时期呢，请妈妈们一定不要忘记那时候的自己啊！

孩子如此反抗父母的意见，实际上也说明孩子已经有了自己的主见。孩子有自己的主见其实是一件好事。

请妈妈们对孩子的反抗给予谅解和包容，帮助孩子顺利度过叛逆期，给予孩子在成长中必要的关怀。

"果然是我的亲生宝贝,你和妈妈太像了。"

> 从成年人的角度看,孩子的一些顽劣态度实际上是一种自我探索。孩子在寻找一种新的表达方式。因此,妈妈应以一种温柔的态度接纳孩子,给孩子时间,让孩子慢慢长大。

17."你啊,根本不像我们家的孩子!"

孩子没有按父母的预期长大

孩子如果没有达到父母的预期,父母常用的说辞就是:"你啊,一点儿也不像我们家的孩子!"相信这句话,很多父母随口就来。

父母完全没有思考过这句话的深意,往往一遇到孩子表现不好的时候,顺口就说出这句话了。

可能很多父母在自己小时候也被自己的父母说过同样的话吧,当时感受到的屈辱和委屈,现在已身为人父或人母的您是否还记得呢?

"你啊,一点儿都不像我们家的孩子。你真是一点儿用也没有!"很多时候,孩子被父母亲劈头盖脸地大骂一通,等他们为人父母后,便会在生气时无意识地对自己的孩子说出同样的话。如此便形成了一个恶性循环,也不知这样的循环往复何时才能够停止。如果年青一代的父母继续把同样的怒火发泄到自己孩子身上，那么历史还会不断重演。

妈妈可以把幸福的话语
作为礼物送给孩子

大家可以试着回想一下，在自己小的时候，父母曾对我们说过哪些话，自己当时又是什么感受。

可能有的人回想起的是伤心往事。但如果我们在重温那些伤心事时，可从中吸取教训，不让我们可爱的孩子再受到同样的伤害，这未尝不是一件好事。通过这样的尝试，我们可以体会孩子的心境和想法，让之前痛苦的回忆不再重演。

我们不妨再想一想，父母究竟该如何说话才会令孩子真正得到成长呢？

童年的我们听到父母说什么话时最开心呢？

"你真是我们家的乖宝！"

回想起父母当初说的这句话，即便我们现在已长大成人，也依然会觉得满心欢喜吧。

既然如此，我们不妨也把这样的话作为礼物，送给我们可爱的孩子吧。

"你真是我们家的乖宝!"

"你啊,根本不像我的孩子!"这句话会深深伤害孩子的心,同样也会伤害说出这句话的母亲的心。

18."我真不想要你这样的孩子，你走吧！"

孩子没把事情办好,真是令人难以原谅

不少妈妈在儿时可能都有过这样的经历:"妈妈给了我几块钱,吩咐我出门买东西。我高高兴兴地出门了,但走着走着就忘了妈妈的吩咐。天很快就黑了下来,我一个人在外面很害怕,但也不敢回家,生怕空手回去后,会被妈妈责骂。"

现在的孩子,如果听到妈妈说"我真不想要你这样的孩子了,你走吧",可能会摆出一副无所谓的样子,然后回说:"是你让我走的啊,那我可真走了!"他们可能会到便利店之类的地方消磨一下时间,之后想着"我肚子饿了,该回家了",最后好像没事人一样,就回家了。

对孩子来说,妈妈是世界上最可爱,也是最值得信赖的人,而妈妈冷冷的一句"我真不想要你这样的孩子",相当于把孩子全盘否定了,孩子又如何能平静地接受这一切呢?

妈妈怎么会不想要你呢，你是我的宝贝啊

有时候，孩子可能因为不小心，损坏了妈妈一直珍藏的某个昂贵物件。这个物件可能一经损坏就贬值了，或者修理起来会花费高额的费用。但物件只是物件，是可以替代的。孩子才是最珍贵的。毕竟这个孩子在世界上仅有一个，是无可替代的。

妈妈不要忘记了这一点，只顾着眼前的物件，而对孩子说狠话："你这个坏孩子，我不要你了！"类似这样的话，是父母的禁忌之言。

如果父母一时失言，一定要立即补救。

"对不起了，妈妈刚才一时气昏了头，才说了这么不该说的话。你肯定很难过吧。其实妈妈也不想这么生气。不管发生了什么事，不管你犯了什么错，你都是妈妈的宝贝！"

另外，我想妈妈也可以买一些孩子心仪的玩具作为礼物送给孩子，也算是对孩子的一种补偿。

高情商妈妈的温柔批评课

"你是独一无二、最可爱的孩子!"

很多父母认为,即便孩子发脾气跑出家门,他们也会自己先撑不住,最后灰头土脸地溜回家。但如果孩子真的离家出走的话,父母就要难过了。

第三章
制造痛苦的话

19. "你说的谎话,我可都知道!"

孩子总说谎怎么办

孩子的世界总是充满各种各样的谎言。对孩子来说,现实与想象的世界可能是浑然一体的,他们很难将两者区分开。

"那条线以外就是海洋了,要是跨过去的话,可能会被淹死。"当孩子沉浸在自己想象的世界里,尽情嬉戏时,大人会不会很羡慕他们呢?

孩子把自己的想象随口说了出来。这个时候,父母其实完全没必要横眉立目地教训孩子:"你在说谎,别以为我不知道。"但孩子有可能会觉得大人缺乏想象力。

如果孩子上了初中后,还是不能把想象世界与现实世界区分开来的话,那可能就有点麻烦了。

有的孩子可能会胡言乱语:"我的爸爸妈妈其实不是我的亲生父母,我从小就被他们收养了。我的人生有一个非常不幸的故事。"孩子如果自编自导一些内容并信以为真的话,恐怕是因为他患上了一种"虚言癖"的心理疾病。这时候，父母就应密切关注孩子的病情。

如果孩子总凭借谎言来换取周围人的关心和同情，那么他的"虚言癖"会越发严重。

父母要理解孩子为什么会编瞎话

有的父母可能担心孩子现在说些小谎，将来就会说大谎。如果任由孩子这样发展下去，也许有一天，一发而不可收拾的局面就会出现，所以，不少父母绝不容许孩子说半句谎话。

父母这种杞人忧天的想法并不一定会促成良好的效果。父母偶尔听到孩子信口开河地编故事时，不妨顺水推舟地回说："哦，原来是这样啊，我还真吓了一跳呢。"这样的方式能很好地配合孩子，让他发挥想象。

其实，孩子心里很明白，父母没有被他的话骗到。因此也就不会有发展为"虚言癖"的危险。

父母无须总用"狼来了"的寓言告诫孩子，"如果你总说谎，就会失去信用。以后无论你再说什么，别人都不会相信了"。

父母如果用温柔的语调对孩子说："撒谎不是一件好事，你也不想对妈妈撒谎的，是吧？"让孩子知道，您是能够理解他的。这样的话，孩子也能体会到，不含恶意的谎言也不应该说。

"说谎可不是一件好事吧,
你也不想对妈妈说谎的,是吧?"

> 如果孩子患上了"虚言癖",很可能是父母经常惩罚孩子的缘故。暴力行为会促使孩子患上此类心理疾病。

20. "你就是因为这样才那么招大家讨厌！"

真糟糕,我的孩子在欺负其他小朋友

如果父母看到自家孩子和其他孩子玩的时候,抢占其他孩子的玩具,或是欺负其他孩子,可能会大吃一惊。

父母会按捺不住自己的情绪,上前教训孩子说:"你如果总抢人家东西或欺负人家的话,以后谁还会和你一起玩啊!"

孩子也是能够理解妈妈的,妈妈希望孩子和其他小朋友好好相处,成为受欢迎的孩子。

当孩子出现自私、任性或者欺负他人的不良行为时,不是仅靠父母的三言两语,孩子的行为就能得以改善。

父母应该让孩子自己领悟,但父母究竟该怎样做,孩子才能真正领悟呢?最好的方式就是给孩子树立一个良好的榜样,让孩子可以尽可能地向榜样学习,而妈妈就是孩子最好的榜样。

运用不同的语言,能够改变人的内心

　　妈妈与其不停地唠叨指责孩子的言行,不如自己为孩子树立榜样。平时在待人接物上,要给孩子做好示范。

　　当然,妈妈要尽量对自己的孩子温柔体贴、宽容大度,不要吝啬对孩子的关心和爱。

　　对于孩子任性、自私的一些表现,妈妈可以暂时保持沉默,在心中默默理解。

　　妈妈一定要认同孩子:"虽然有的时候,你有些自私任性,甚至会欺负别人,但无论你是怎样的,无论发生什么事情,妈妈都会爱你,都会支持你。"同时,妈妈要更加关心体贴孩子,让孩子感受到妈妈的温暖和爱意。

　　此外,妈妈不要忘记对孩子说:"你真是一个温柔善良的孩子,妈妈真的很感动。"这种稍微夸张一点的表扬或鼓励的话,会让孩子更加感动。

　　妈妈经常夸奖和鼓励孩子,孩子也会逐渐克服自己的缺点。

高情商妈妈的温柔批评课

"不管别人如何看你,
妈妈都是最喜欢你的!"

无论孩子说什么,做什么,妈妈都可以告诉孩子:"无论你变成什么样子,妈妈都是最喜欢你的。"在妈妈温柔的关怀下,孩子的心也会有所转变。

第三章 制造痛苦的话

21."都是你不好！"

孩子的性格有问题

孩子如果与要好的朋友发生了争执或是吵架,回家后想和妈妈说一说,得到妈妈的支持。遇到这种情况,有的妈妈可能会不分青红皂白,不问缘由对错,劈头盖脸地就对孩子一通责骂:"你啊,怎么总是惹我生气啊!"

妈妈还没问清楚孩子事实真相,就妄下结论:"肯定是你的不对。"这种情况不少见吧。有时候,即便妈妈嘴上没说出来,但心里早就暗暗下了结论,认为是自己孩子的过错。

日本人注重谦让的精神,总是把自己的想法埋在心里,不愿与大家的意见相左。因此,妈妈经常会不顾孩子的辩解,就判定错在自己孩子身上,其实这种情况非常普遍。

"这次肯定是你的错!"孩子听到这样的话,内心深处肯定会觉得不舒服。

请妈妈以加分的方式看待孩子

孩子能否以正确的标准评价自己,能否意识到自己身上存在的不足,这些都是由父母对待孩子的方式决定的。

如果父母以先入为主的观点,或者抱有偏见倾听孩子的解释,肯定会更容易指出孩子身上的不足之处。

"你是爸爸妈妈的骄傲。""你的身上其实有很多优点。"

如果父母能对孩子说上这样一句话就好了。

如果父母总以减分的方式看待孩子,孩子的"分数"就会越来越低;而如果父母能以加分的方式看待孩子,孩子的"分数"就会越来越高。父母总是用减分的方式看待孩子,就只能看到孩子的缺点,孩子也很难取得进步,而当父母能转换方式,以加分的方式积极正面地看待孩子时,就能看到孩子身上更多的闪光点。

"你身上有很多很多优点呢！"

"肯定是你的错，我一看你这态度就知道了。"不少妈妈都会这样妄加评论。细细想来，其实这话不应是说给孩子的，而应该是说给妈妈自己的才对吧。

22."真磨蹭,你能不能快一点!"

孩子做事总是磨磨蹭蹭的

您家是否也常常出现这样的情景，孩子低头玩着手机或者游戏机，沉浸其中，不可自拔。

可在学习上，您却从不见孩子埋头苦学。

很多父母看到孩子这样的表现，往往气不打一处来："你可真磨蹭啊，怎么搞的啊，你能不能抓紧点时间啊。"父母的训斥把孩子全部优点都否定了，会让孩子觉得自己很笨，很没用，甚至会把自己看作一个吊儿郎当、不学无术的坏孩子，陷入忧郁消沉之中。

很多时候，妈妈可能并没有意识到孩子的一些心理活动，会反复唠叨孩子，甚至会一而再，再而三地打击孩子。

如果您在阅读此书的时候能够有所感悟——"哎呀，我还真的没有意识到这一点呢。我好像对孩子也说过类似的话"，进而在以后的生活中注意对孩子说话的分寸，那么一切都还不迟。

第三章 制造痛苦的话

孩子做事稍微多花点时间
不是个大问题

妈妈不耐烦地催促着:"你真磨蹭,能不能快一点儿啊。"孩子会觉得烦躁不安,想着"哎呀,我又被妈妈说了",然后很容易出于对自我的保护而封闭自己的内心,对父母的吩咐也是"左耳进,右耳出"。因此,无论父母如何反复催促,孩子都会无动于衷。

如果父母希望能与孩子心灵相通,那么在任何场合,都请不要随意说出伤害孩子的话。

其实,父母不仅要注意语言,更要注意自己的态度。孩子做事慢一点,比预期多花了一些时间也没关系。请各位妈妈一定要调整好自己的态度。实际上,这算什么呢,根本不是什么大问题。

孩子在学习的过程中难免会出现失误。这时,孩子最需要的就是妈妈悉心的指导和耐心的守候。

"对不起啊,妈妈之前没有耐心等你。这次你慢慢来,妈妈会一直等你的。"

"对不起啊,妈妈之前没有耐心等你。
你慢慢来,这次妈妈会一直等你的。"

　　妈妈可以利用等候孩子慢慢做一件事的时间,近距离地观察孩子的每一个举动和表情。

23. "你无论干什么,都是半途而废!"

我已经学不进去了

如果您家的宝贝是女儿的话,她可能对钢琴或者芭蕾舞感兴趣;如果您家的宝贝是儿子的话,他可能对棒球、足球、或者跆拳道感兴趣。有时,父母还没有劝孩子培养兴趣,孩子自己就主动要求"我想学这个",这种情况很常见。

可当父母给孩子报了学习班后,孩子刚上两三个月的课程,就嚷着"不学了",抱怨说"我学不进去了!"之后,孩子又会对别的东西产生兴趣,告诉父母说:"我想学这个。"请问您家的孩子,是不是也曾出现过这样的情况呢?

其实,妈妈一定很想发句牢骚:"学习班很贵的!"并且,妈妈认为孩子没长性,报了新的学习班也学不了几天,于是就会责备孩子说:"你啊,不管做什么,总是会半途而废。"

妈妈这样的说法,反而真的会导致孩子做事半途而废,之后,妈妈对孩子会更加失望,如此便造成了恶性循环。在遇到

这种情况时，父母应该做的是认同孩子，表扬孩子。

每个孩子都在努力成为自己希望成为的样子

孩子做事会半途而废，其实是因为他们并不认为持之以恒很重要。

因此，孩子在开始关注某个兴趣点后，发现不像预期的那样有意思，就会立刻停手，将注意力转而投入其他事物中。

父母大可不必批评孩子的这种行为和想法。反而，父母应该对孩子旺盛的好奇心和不断向前的行为大加赞赏。

父母要告诉孩子，如果能够坚持一件事，事成后就能获得成就感和喜悦感。这样的体验是很棒的。

"你有这么多的兴趣爱好，真不错啊。如果你能一直坚持下去的话，妈妈就更开心了！"父母要学会引导孩子，让他们体会到学会某项新技能的快乐。

高情商妈妈的温柔批评课

"你有这么多的兴趣爱好,真不错。
如果你能一直坚持下去的话,那就更棒了!"

父母可以在一旁静静地守候孩子,看着孩子独立完成每天的学习任务,或是家务劳动。

第三章 制造痛苦的话

24. "你长这么高,一点儿用都没有!"

你也就个子高点儿,别的都不行

有的孩子发育得早,小小年纪就体格健壮。虽然他的智力水平和行动力还未发育成熟,但周围的人总会对他寄予过高的期望。

实际上,有的孩子个子长得高,但智力水平还未发育成熟,总被人叫作"傻大个儿",而有的孩子个头虽小,但却相当早熟,人小鬼大、聪明伶俐。

每个人在成长过程中,身体、智力的发育水平都是不同的,父母如果不清楚这一点,就很容易说出:"怎么这么简单的事你都不会做啊,你真是白长这么高了!"孩子听了这样的话会多难受,恨不得立即消失了才好。

家长用轻蔑的口吻揶揄孩子,说孩子"四肢发达,头脑简单",或者说"只长个子,不长脑子",这都是非常不好的话。

如果孩子并不活泼,也不好动,父母也不能认为孩子什么也不懂。有很多孩子生性老实、性格纯朴，他们善于思考问题，这也是很棒的一个优点呢！

孩子只要健康就可以了

无论孩子是胖是瘦，是高是矮，只要生得活泼健康就可以了。父母如果都能这样想就好了。这样的话，孩子也不会因体格弱小而感到自卑，也能够学会尊重每个不同的个体。

如果您家的孩子年纪不大，但块头大，且心智还不太成熟的话，妈妈就可以这样对孩子说："你的体格这么健壮，心胸也一定是宽广的。"

妈妈简单的一句话，就能把温暖传递给孩子。孩子听后，也会因此而形成积极乐观的为人处世态度，充满自信地走在人生的征途上。

让我们一起快乐地面对孩子的成长吧，一起期待孩子美好的未来吧！

"你的体格这么健壮,
　心胸也一定是宽广的。"

> 妈妈不要总对孩子说:"你都几岁了,怎么还这样。"不管孩子多大,如果孩子想撒娇,请允许他撒娇,您只需把孩子紧紧地抱在怀里就好。

第三章　制造痛苦的话

25. "你怎么那么像你爸，真让人受不了！"

孩子的缺点和他爸爸一模一样

有时候,孩子在学校的考试成绩不理想,或是忘了带东西被老师批评了。发生这样的情况时,妈妈往往会变得烦躁。

"你怎么和你爸爸那么像啊,真让人一点儿办法也没有!"

这句话的隐藏含义是什么呢?实际上就是在说妈妈是个很优秀的人,而爸爸是个很差劲的人。

有时候,孩子并没犯什么错,但妈妈把对爸爸的不满全部都发泄到了孩子身上:

"你爸爸总说工作忙,要加班,其实他很可能喝酒去了。"有时,妈妈对爸爸疑神疑鬼,然后把无处发泄的怒火撒到孩子头上。

别看孩子年纪小,但其实他们对妈妈的这些言行态度是可以冷静、客观对待的。孩子心里明白,但却不会表达,他们可能也会想:"妈妈为什么不能积极正面地看待问题呢?她怎么总是这么偏激呢?"

妈妈可以多多表扬爸爸

孩子对爸爸妈妈的爱是无条件的。当妈妈为爸爸感到骄傲,表扬、鼓励爸爸时,孩子内心也会感到很满足。

"我的爸爸个子特别高,长得可帅了!"

"爸爸比妈妈的力气大多了,爸爸什么都会干,真是太厉害了!"

"我的爸爸见识多、知识广,他的意见和想法总是特别有道理。"

妈妈不妨在家里多夸奖爸爸,让孩子听到妈妈对爸爸的夸奖。孩子听后,就会觉得妈妈在夸自己一样,会非常高兴。

夸奖的语言永远比责备的语言要好。父母不妨对彼此,对孩子多说一些积极的话语,让全家人都感到幸福吧。

"宝贝,你看爸爸是不是很棒,很厉害!"

妈妈可以对孩子说:"宝贝,坐在爸爸的肩膀上是不是特别舒服啊。"这类的话能促进父子或父女间的感情。

第三章 制造痛苦的话

26. "你太不把我放在眼里了！"

你小时候可比现在可爱多了

想必大家都知道,当孩子升入小学高年级时,有时会和父母顶嘴,有时还会反抗父母的要求。虽然父母也懂得这是因为孩子进入了叛逆期,但心里一边想着要多体谅孩子一些,一边也会生气地教训孩子说:"你竟然不把我放在眼里啊,你怎么这么任性啊!"相信这样的妈妈应该有不少吧。

还有的妈妈可能会生气地嚷嚷说:"你也不想想,你长这么大都是靠谁啊?是谁在养活你啊?"常把自己对孩子的恩情挂在嘴边的妈妈也有不少吧。

要求孩子感谢父母,尊敬父母,但有时候,这些要求对孩子来说是有些强求的。

如果妈妈一再强调父母为孩子如何辛苦,孩子就会产生一种"那好吧,那以后我不用你们管了,我自己的事情自己会看着办"的想法。

在现实生活中，有的孩子初中毕业后就脱离家庭走向社会，开始自谋生路。也有很多孩子想要尽早离开父母的保护，自己独立生活。他们都不希望接受父母的帮助，也不希望继续受父母的影响，他们渴望能够走上自己选择的人生道路，过自己真正想要的生活。

孩子的成长也是父母的成长

孩子虽然年纪小，说话也有些任性，父母不放心让他们自己行动，但我希望各位妈妈能够试着放宽心，包容孩子的一切。

这话说起来容易，做起来却有一定的难度。孩子不断成长，父母也要追赶孩子的脚步，不断成长。

在这里，我有个好方法想介绍给大家。

其实，夫妻之间可以试着探讨一下，"孩子的成长并不是谁的功劳，都是孩子自己努力的结果。作为父母，其实只是在孩子成长的道路上帮了一些忙而已。"对于这句话，您是怎样理解的？

孩子在逐渐成长，父母也可以在不断的探索中找到合适的育儿方法，与孩子共同成长。

"你自强自立,值得信赖。
妈妈为你感到骄傲!"

> 如果孩子对父母的关心照料表示感激,父母也可以把真实的意图告诉孩子:"我们养育你,照料你的生活,但我们能为你做的其实非常有限。我们只能在你成长的道路上帮一些忙,但你的人生最终还是要靠你自己的力量来支撑的。"

第三章 制造痛苦的话

27. "你还觉得自己挺不错的,真可笑!"

孩子总喜欢穿着奇装异服出门

如果孩子崇拜某位歌手或者明星,喜欢把自己打扮成偶像明星一样,出门的时候,也会穿着引人侧目的奇装异服。这时候妈妈应该怎样做呢?

"你穿的这是什么怪衣服啊,赶快给我脱下来!自己还觉得挺好看的呢,简直招人笑话。"

孩子会将妈妈的意见当作耳旁风。妈妈越是反对,孩子越会变本加厉。

为什么会这样呢?因为对于妈妈的话,孩子听后会理解成:"你这副样子真是让人笑话。对不起了,我看重其他人的想法,他们的意见比你的喜好更加重要。"

很多孩子在听到父母对自己的穿衣风格的负面评价后,不仅叛逆心理会增强,还有可能会因此与父母日渐疏远。所以,父母不要轻易否定孩子的穿衣风格。

第三章 制造痛苦的话

你现在的样子妈妈就很喜欢

妈妈觉得外人会笑话自己孩子的穿着打扮，其实都是自己先入为主的观点。世上哪有那么多的闲人，大多数人不会那么关注别人的事，也没有时间替别人操心。

假如真有这样的闲人对你的孩子说："你的父母都是怎么教育你的啊，我真想认识认识他们。"妈妈就可以坚定地告诉孩子："不管旁人怎么说，我都会给你撑腰！你无论什么样子，妈妈都喜欢你。"

"这个孩子是我生养的，并且我愿意继续抚养他长大。有些地方，她可能存在不足，但这就是他本来的样子。作为父母，我不能让孩子百分之百地听从我的指令。父母有父母的想法，孩子也有孩子的意愿。我尊重孩子自己的想法，我也会尽量尊重他的喜好。"

如果妈妈能在关键时候说出这样的话，表达出这样的观点，孩子就能充分地信任妈妈。在信任和尊敬妈妈的基础上，孩子怎能不越来越喜欢妈妈呢？

我们都想有这样亲密无间的母子或母女关系吧。

"你是我的孩子,无论别人怎么说,妈妈都会支持你的。"

妈妈不妨用这样的话语劝勉孩子:"你和妈妈的审美可能有点不同,不过妈妈尊重你的审美和感受。"

第四章

不为孩子着想而说的话

第四章 不为孩子着想而说的话

28."你倒是拿出点干劲儿啊,只要你肯干,就没有干不成的事!"

孩子怎么就不肯认真做事呢

"你只要肯干就一定可以的""你只要动起来,事情就一定能很快完成的",这些话其实很有道理,事实也是如此。

我们经常想做一件事的时候,却发现自己没有行动力,人没有"干劲儿"。这种状况大人和孩子都是一样的。

在这种情况下,父母不应刻意要求孩子"赶紧拿出干劲儿来啊",而应该帮助孩子找到做事的契机,给孩子开个好头儿。

我认为,孩子无论到了什么年纪,他们都愿意和妈妈一起行动,希望能与妈妈一起分享喜悦。所以,当妈妈感觉到孩子没有活力,或者对事情提不起兴趣的时候,不妨这样和孩子说:"要不要和妈妈一起出去散散步啊?"

孩子和妈妈散步,不仅锻炼了身体,还放松了大脑,连之前不太懂的作业题似乎都变得容易起来。散步归来,孩子就有精神继续写作业或者做其他事了。

妈妈可以给孩子鼓足"干劲儿"

我这里有很多好方法可供妈妈们参考。应用这些方法可以帮助孩子提升"干劲儿"。

"妈妈这里有很多'干劲儿',我把它们当作礼物送给你吧。你来把它们'吃掉',吃完就会觉得神清气爽、干劲十足了!"

妈妈生动的话语让孩子在不知不觉中转换了心情,令孩子变得更积极,更上进了。

无论孩子有什么打算,想做什么事,妈妈都不妨陪在一旁温暖地守候。当孩子倦怠,提不起做事的兴趣时,妈妈就要站出来帮助孩子打起精神,鼓足"干劲儿",这样,孩子的行动力也会随之提高。

父母在育儿过程中,要坚守的一条理念便是相信孩子,守护孩子,让孩子尽情地成长。

"妈妈把自己的'干劲儿'当作礼物送给你!"

"哎呀,这么快就做完了,你可真棒啊!""你做事真有效率!"妈妈的鼓励也会让孩子更有"干劲儿"。

29. "你一会儿再玩不行吗!"

孩子总是懈怠，不努力可不行

"你老这么放松可不行啊！""你学习可得加油了啊！"父母虽然时常这样唠叨，但孩子可不会立即静下心来学习。

父母动不动就禁止孩子做这个，禁止孩子做那个，动不动就下命令孩子，这会让孩子感觉很烦。

"放松"一词的原意是指通过一些活动，让人感到轻松快乐。即使身处紧张的环境之中，如果人能够放松下来，也不会感觉苦闷。

很多妈妈都这样教训孩子："你可不能放松啊！"这类的话实际上暗含孩子不能休息，也不能疲惫的意思。

另外，妈妈也时常会给"加油"一词赋予埋头苦干和忍耐的意思。妈妈让孩子加油，实际上就是强迫孩子一定要吃苦。妈妈的这些劝诫很容易被孩子误解，妈妈的提点也很容易被孩子忽视。因此，让我们一起来探讨一下，妈妈说什么样的话才能更好地影响孩子,让孩子能够积极地响应妈妈的话。

让孩子能够自然而然地努力加油

"在我们为做一件事而不断努力的过程中,就一定能够体会到它的快乐。"

"如果我们能在做一件事情的时候感到非常快乐,能够沉浸其中,那就最好了。"

"你看妈妈正在×××(如织毛衣、绣十字绣、插花等)呢,妈妈觉得特别快乐,常常做着做着就忘了时间呢。"

如果妈妈能这样启发孩子,孩子也会很兴奋地想:"太好了!我也想试试这种感觉!"妈妈不用一味地劝勉孩子要加油、要努力,孩子也会自然而然地为做一件事而努力,最后感受成功时的快乐。

妈妈可以仔细观察孩子在家的情形,然后这样对孩子说:"妈妈刚才看到你一直做×××(如读书、做手工等)的样子,你看起来特别投入、特别专注呢。"妈妈用这样赞扬的语气鼓励孩子,会令孩子感觉更快乐。

当孩子因做作业而烦躁时,妈妈可以对孩子说:"你写作业的时候如果能再专注一些就不会觉得烦躁了。咱们先来唱首歌,调整一下情绪吧。"这个时候,妈妈和孩子一起唱一首耳熟能详的儿歌是最好不过的。

妈妈要让孩子看到,通过努力才能获得快乐。

孩子会对自己感兴趣的事物非常积极,愿意多学习,多练习。因此,妈妈可以积极引导孩子:"这个真有意思啊,这个真好玩!"

第四章　不为孩子着想而说的话

30. "我是为你着想才这样说的！"

作为家长,我要为你的未来着想

如果妈妈总习惯指挥孩子做事,孩子恐怕就会翻白眼,摆出一副"受不了"的表情。

不少妈妈常常会对孩子说出这些话:"我不都是为你好,为你着想吗。""我都是为了你的将来考虑。"

这也许才是真正的谎言!妈妈其实只是想让孩子按照自己的意愿做事。妈妈会认为自己的想法肯定没错,孩子必须要听从自己正确的指令,并强行让孩子接受自己的想法。

态度如此强硬的妈妈,总是以批判的态度来看待孩子,并且还不自知,以为这样做是为了孩子好。

有的孩子曾这样说:"我妈妈总喜欢对我大喊大叫的,她说我总是惹她生气,还总是指挥我干这个,干那个的。她做的这些可能只有她自己觉得都很好吧。对我发了脾气后,她自己就会感觉满足吧。"

第四章 不为孩子着想而说的话

妈妈没有必要说教或者长篇大论

有的父母管教孩子,可能对孩子的各个方面都会百般挑剔,什么都想点评。如果孩子染了一种鲜艳的发色,买了一件名牌商品,妈妈往往会看不顺眼,但这个时候妈妈说一句"你这个样子和我的审美可能不太相符啊"就可以了。这句话表达了妈妈自己的观点,没有必要长篇大论地说教。

是不是有很多父母都担心,如果不对孩子耳提面命,孩子就会逐渐堕落下去?其实没那么严重。从长远看,父母的言传身教会对孩子产生影响。父母与其命令或者责备孩子,还不如耐心地把道理讲给孩子听。

妈妈不妨放下身段,想一想如何与孩子沟通,孩子才更容易接受您的意见。

妈妈可以说:"你要是做完这件事的话,妈妈就给你冲一杯你爱喝的饮料怎么样?""妈妈有点建议想和你说说,你来听听好不好啊?"妈妈这样的话语能让孩子愿意听从妈妈的意见,也十分期待之后美好的享受。

这样的话,很多事情就都能顺利地进行下去了。您亲自试一次,就能感受到它神奇的效果了。

高情商妈妈的温柔批评课

"妈妈有点建议想和你说说,
你来听听好不好?"

第四章　不为孩子着想而说的话

31."你说的是异想天开的梦话！"

孩子常常说一些匪夷所思的话

与被常识束缚的成年人不同,孩子常常抱有一些不切实际的幻想。"我想像鸟儿一样在天空飞翔!""我想成为宇航员登上太空!"很多孩子在被问到未来的梦想时,会一本正经地这样回答。

如果孩子尚处年幼,父母就常常会被他们天马行空的想法逗笑,觉得他们年幼无知,天真无邪。

当孩子年纪稍大一些后,再说什么"我想当艺人"或者"我想成为运动员,参加奥林匹克运动会"或者"我想成为亿万富翁",再或者"我要进行发明创造,震惊世界"之类的话。父母听后常会对此嗤之以鼻,然后给孩子泼一盆冷水,粉碎孩子不切实际的梦想。

"真是异想天开,你绝对做不到!"

这话对孩子来说,犹如当头棒喝,对孩子的积极性会造成严重的打击。当父母断言孩子肯定做不到时,孩子会失去自信。

在孩子还未开始做任何事之前，父母已经将一切可能性都否定了，这样做并不会对孩子产生任何好的影响。

家长信赖孩子、鼓励孩子，孩子就能发挥出更多的实力

当孩子自信满满地畅谈未来和梦想时，他真的认为自己已把实现梦想的可能性握在了自己手中。

然而，在有的父母看来，孩子这些梦想却是白日做梦，是很"危险"的想法，他们忍不住给孩子泼冷水说："你想得太容易了，这个世界上，哪有那么简单的事啊！"

其实父母在说出这句话时，心里充满了不安，而且不见得是出于对孩子的爱。

很多时候，父母都希望通过否定孩子来确保自己在家中的权威和地位。如果这样想的话，那就大错特错了。父母认为告诫孩子放弃不切实际的梦想是出于爱孩子，但实际上，这只是父母的错觉。

如果父母真心为孩子好，真正爱孩子的话，就会无条件地相信孩子，会对孩子说："如果你想做的话，就一定能做到！""妈妈相信你，你一定可以的！"当孩子听到妈妈如此热情的鼓励，便会产生强烈的求胜欲望："好的，我一定要加倍努力！"所以，父母应该相信孩子是能够通过努力将不可能的事变成可能的。

"你肯定能做到,妈妈相信你!"

孩子的梦想会随着年龄的增长而发生改变的。

第四章 不为孩子着想而说的话

32. "你怎么就不能像别人家的孩子一样!"

我的孩子总是比不上别人的孩子

有时候,父母很喜欢把自家的孩子和邻居家的孩子进行比较。总觉得别人家的孩子学习成绩好,运动能力强,朋友又多。真是越比越羡慕,越比越觉得比不过人家。

"你怎么就不能像邻居家的孩子一样啊!"父母叹口气,随口便说出这样一句话来。

妈妈说出这样或者哪怕只是心里动了这样的念头的话,其实都会对孩子造成严重伤害。

孩子会认为自己达不到妈妈期望的水平,很羞愧,自信也会受到打击。他们还会想:"看来妈妈更喜欢邻居家的孩子啊。"

如果妈妈把自家的孩子和邻居家的孩子拿来比较时,觉得别人家的孩子学习成绩不好,体育不好,也没什么朋友。情况又会如何?

当孩子看到妈妈做这样的比较时,心里又会想:"如今我虽然比得过邻居家的孩子,但我肯定不能超越所有人,总有我比不上的人。看来人人都在别人心中被比较来,比较去啊。"

每个人都是独一无二的,所以不用比较

每个人都有自己擅长和不擅长的方面。人与人之间必有差异。如果能够明白这一点,各位妈妈就不会任性地对自己的孩子寄予过高的期望了。

"这个事情怎么别的孩子会做,而你就不会啊?你得努力啊,说不定努努力,你也就会了呢。"

妈妈总觉得对孩子多唠叨几遍是在激励孩子,但实际上,这样做只会产生反效果。孩子会因此而承受很大的压力。

如果妈妈真的想鼓励孩子上进,最好的方法就是,妈妈先改一改自己的坏习惯,例如改掉把拿自家孩子与别人家的孩子做比较的习惯。

"妈妈又把不该放在一起比较的拿来做比较了,妈妈这次做错了呢!"如果妈妈能够在孩子面前承认自己的错误,孩子也会因此而充满信心。

"妈妈觉得,你现在这个样子特别可爱呢。你是独一无二、与众不同的,妈妈真的好喜欢你呢!"这样温暖的语句,一定会赋予孩子力量。

"你是独一无二、与众不同的,
妈妈真的好喜欢你!"

"这么简单的事,为什么我家孩子就是不会呢?"妈妈与其担心,还不如等待孩子慢慢成长,见证孩子从不会到会的过程,这样会更开心。

第四章　不为孩子着想而说的话

33. "你是做哥哥/姐姐的，不觉得丢人吗？"

妈妈照顾弟弟妹妹够操心的了,你就老实点吧

在生了第二个或第三个孩子之后,妈妈每天家里家外忙个不停,很容易就忽视了老大,对老大的照顾也不如以前。当家里只有一个孩子的时候,全家人都能集中精力照顾他,但当妈妈生了老二、老三之后,老大很容易就被冷落在一旁。

其实,如果我们能站在孩子的角度想一想,就能理解老大有多难过。他们会觉得妈妈被弟弟妹妹抢走了,妈妈更爱弟弟妹妹,而不再爱自己了。

孩子本感到不满和痛苦,如果这个时候,忙碌不停的妈妈再追加一句:"你都这么大了,能不能懂事一点,不让妈妈操心啊。你都是当哥哥/姐姐的人了,还这么不懂事,不觉得害臊吗?"听到妈妈这样硬邦邦的话,老大心里该多难过啊。

妈妈可能认为,自己是为了孩子的成长才用严厉的口吻教育孩子,但实际上,这样的话只会令孩子感到难过,并不能起

到任何帮助。

家里的老大其实也是个孩子,他并不会因为妈妈生了弟弟妹妹就能一夜长大成人。所以,妈妈一定要注意,不能要求孩子立刻进入哥哥或姐姐的角色中去。

你们都是我的孩子,我爱你们

父母常常在不经意间就用年龄给孩子区分了不同的角色。父母习惯于决定老大应该这样做,老二应该那样做。这多么不讲道理啊!

孩子能够敏锐地察觉到父母的想法,当他们发现父母"希望他们这样做,要求他们那样做"时,往往就会打消自己真实的想法,而想方设法地去实现父母的期待。

孩子这样辛苦又怎么会感到幸福呢?

"当哥哥/姐姐真是没意思啊,我总要做这做那的。我要是没有弟弟妹妹就好了。"如果老大对弟弟妹妹心怀不满,是很难感到幸福的。只有当老大觉得"有弟弟妹妹好棒啊",他们才会感到快乐。而孩子是否能够领会到这些,是否能够感到快乐,都在于妈妈对待孩子的方式。无论对待老大、老二还是最小的孩子,妈妈都要充满爱心,并将自己浓浓的爱意传递到每个孩子的心中。

当孩子能够体会到妈妈的爱,信任妈妈时,他们也会主动把兄弟姐妹看作最亲密的人。

"你和妈妈一起照顾妹妹好不好啊?"

当家里不只一个孩子时,妈妈既要打理家务又要照顾孩子,经常会忙得焦头烂额。很多妈妈常常因此忘记对孩子表达自己的爱。所以,我建议妈妈每天至少要花 1 分钟的时间,好好抱一抱每一个孩子。

第四章　不为孩子着想而说的话

34."你哥哥/姐姐才不会做这种事呢!"

这个孩子比他的哥哥姐姐更让家长操心

您可能会碰到这样的情况:家里老大从小就老实听话,不用您操心。老大不仅学习成绩好,其他各方面的表现也都不错,但老二却完全相反。在这种情况下,父母很容易对老二批评过多。

"你姐姐像你这么大的时候,这些东西早都学会了。"

这些话,说不定您在您小时候就被父母这样批评过,现在每每回想起来,心里还会隐隐作痛吧。

得不到表扬的孩子常常会觉得羞愧内疚,忧郁不已。想反驳父母说:"我其实也有不少优点呢。"但他们有的时候脑子里一片空白,不知该如何为自己辩解。

我们家的孩子都是很棒的

父母注意尽量不要对孩子说"你哥哥姐姐当年就没做过这样的事,你真该向他们学一学……"。类似这样的话会像烙印一样,深深印在孩子心里。即便父母只说过一次这样的话,孩子也会因此而产生一系列消极的想法。

如果父母没有考虑到这些,一怒之下对孩子横加指责,就要立刻反省自己,并想办法抚平孩子内心的创伤。父母可以对孩子说:"你们有缘成为兄弟姐妹,真是一件美好的事情!你们有很多相似的地方,又有很多不同的地方。你们每个人都有自己独特的个性,这真是了不起啊!你们现在的样子,妈妈都觉得好可爱,妈妈好爱你们啊!"

如果父母在孩子年纪很小的时候就对孩子这么说是最好的了。无论在什么时候,孩子只要听到妈妈的赞许,听到妈妈说非常喜欢自己,心胸都会变得更加宽广。

"有兄弟姐妹真是太棒了!"

父母希望孩子可以少让人操心,希望孩子的学习成绩优秀,更多的是从效率优先的角度考虑的。妈妈真正应该要做的是:让孩子的内心充分地感受到爱与关怀。

第四章　不为孩子着想而说的话

35."你是男孩子，给我忍着！"

因为你是男孩/女孩呀

不少父母会因"年龄差异"而区别对待孩子。与此相同的是,父母也会将孩子因"男女差异"而区别对待孩子,要求"你是男孩,所以你要这样做。"或者"你是女孩,所以必须那样做。"

在这里,我以男孩为例,试着给您分析一下吧。

有的男孩善于思考,有的男孩自我意识很强,有的男孩优柔寡断。

很多妈妈觉得孩子不够强、不够好,将来肯定会受挫折。"男孩是不能哭的,你得忍耐啊!"有的妈妈会给儿子下这样的死命令,要求孩子变成"勇敢坚强的男子汉",从小就对孩子严格要求。

您是否有察觉到,孩子在父母这样的意识压迫下难以喘息。无论是男孩还是女孩,一般都会看重父母的话,所以即便勉强,孩子也想要达到父母的要求。而实际上,孩子的内心早已被压力折磨得异常痛苦。

不要给孩子定型，不要给孩子框架

有的男孩天生性格比较柔弱，动不动就会哭鼻子。当他碰到一个本来很想哭的状况，但很努力忍住的时候，父母最好给予他鼓励："你好棒，你真是太厉害了！"

在这种情况下，父母要尽量回避说"你是男孩，所以你应该这样做！""你是女孩，所以不能那样做啊！"

如果父母总是对孩子指挥来命令去的，不让做这个，也不让做那个，剥夺孩子的选择权。孩子失去了行动的自由，心灵就会萎缩。

如果父母能够认同孩子的想法，无条件地接受孩子，那么孩子将会多么自在、欢喜啊！

父母不把孩子放到一个框架中固定起来，让孩子得以自由自在地成长，他们才会变得聪明、快乐。

一个既聪明又快乐的孩子，无论何时都能按照自己的心意行动。当看到孩子自信快乐地生活时，父母也会心有所安，充满自信。

"你能按照自己的心意行动，真棒啊！"

父母不能要求孩子因为是男孩或者女孩就一定要怎样。父母真正要做的是，让孩子能够按照自己的想法做事，让孩子能够决定自己的人生。

第五章 边叹气边说的话

第五章 边叹气边说的话

36."你的注意力怎么一点儿都不集中啊!"

孩子怎么总是心不在焉啊

妈妈要求孩子"赶快做作业吧!",可孩子坐在书桌前不到五分钟就坐不住了。孩子坐在电视机前看电视也总是安静不下来,手里拿着遥控器,噼里啪啦地一直换台。您的孩子是否总是精神涣散,别人说话的时候也总是一副心不在焉的样子。

"你的注意力怎么一点儿都不集中啊!"不少妈妈经常一边叹气,一边责备孩子。

无论父母如何提醒孩子,孩子都是一副散漫好动的样子,一刻也停不下来。

其实,语言的力量是很强大的。父母的话通过孩子的耳朵传入大脑后就会影响孩子的行为。声音的振动以及声波的波动会影响孩子的内心。因此有"彻骨入髓"这样的说法。也就是说,通过不断的语言刺激,会影响人的内心深处。

因此,如果父母总是反复说孩子"你没有集中注意力",长此以往，孩子就会认同这个观点，也就很难再集中注意力了。

父母给孩子摇旗助威吧

如果孩子在做事情时精神涣散，是因为他对正在做的事失去了兴趣。如果他觉得所做的事情非常有意思就会非常专注，注意力也会集中起来。

请各位妈妈牢记这一点，下次再看到孩子兴致索然时，不妨对孩子这样说："你可能现在觉得做这件事有点无聊，但只要你能够投入进去，就会收获很多。你要不要试试看，更加专注一点、投入一点。你会发现做这件事会越来越有意思的，你也会做得越来越好。"

这些话可能听起来是老生常谈，但确实有效。当孩子能够愿意专注地做一次试试看，能够体会到做这件事的乐趣时，就会产生想努力的念头了。

即便孩子很快厌烦了，妈妈也要给孩子加油"那你下次再试试看吧"，鼓励孩子下次能够坚持的时间再长一点。

不管事情是有意思也好，没意思也罢，孩子在做事情的过程中都能体会到自身的变化。他们也会开始变得更善于做某件事。

高情商妈妈的温柔批评课

"静下心来试试看,你一定能做好的。"

"你的注意力不集中!"有些妈妈总爱指责孩子。我建议这些妈妈在批评孩子之前先反省一下自己,看看自己是否也有类似的不足之处。

37. "你啊，真是没长性！"

孩子只会嘴上说说,却不能坚持下去

每到新年之际,孩子都会燃起希望,计划着"从今年开始,我要每天写日记"。新学期伊始,孩子们个个意气风发,盼望着"我要交到很多好朋友"。他们信心满满,真是可爱极了。

其实,孩子总爱给自己提出很多新的目标和挑战:

"我希望不用游泳圈也能游泳!"

"我要开始练习骑自行车!"

"从今以后,我每天都要帮妈妈做家务。"

孩子可能常常会说出让父母倍感欣慰的话。但妈妈了解自己的孩子,认为孩子总是没长性,也总会对孩子说"你啊,也就三分钟热乎劲儿!""三天打鱼两天晒网,这话说的就是你!""你这孩子啊,总是没长性,干什么都干不成!"这样的话,孩子还会不会干劲十足呢?

妈妈说这话时,觉得不过是句玩笑话罢了,但是这样的话确实会伤害了孩子。孩子会认为"我明明什么都没开始做,就被妈妈指责,好像我做了坏事一样"。孩子即使便行动也会磨磨蹭蹭不愿意开始行动。

妈妈要培养孩子的挑战精神

每个孩子都会面临这样的问题,做事情三分钟热度。不过妈妈完全可以换个角度考虑这个问题:

"你愿意挑战新的目标,真是太棒了!"

"你如果真的遇到很喜欢的事情,肯定不会放弃,愿意坚持到底呢。"

只要妈妈能够温柔而坚定地守望孩子,就能培养孩子的挑战精神和积极向上的生活态度。

"我好喜欢听妈妈说话啊!""每次和妈妈聊天,我都会特别开心。"相信每一位妈妈都希望听到孩子这样说,那就让我们试着变成善于说话和聆听的妈妈吧。

妈妈和孩子都可以尝试一个新的开始。即便孩子做每件事都只有三分钟热度也无妨,只要他能够积极投入下一件事当中,总有一日,他会找到真正热爱并愿长期坚持下去的事情。

"你愿意挑战新的目标，
真是太棒了！"

> 如我在前面所说的，孩子做事情很容易就会觉得厌倦，或者中途放弃。所以妈妈要想办法，多给孩子一些鼓励，让孩子能够坚持下去，实现自己的目标。

第五章 边叹气边说的话

38."真是的,你不觉得在邻居面前丢人吗!"

孩子的感知会与现实生活碰撞

曾经有一个初中生到我这里来进行心理咨询,他对我说了这样一件事。他的妈妈有一次因为一件事情对他抱怨说:"哎呀,我简直没有脸见外人了!"他当时顶嘴回说:"外人到底给你什么好处了,外人到底为你做什么了?在你心中,到底是家人重要还是外人重要啊?"听了他的话,他那一向说话滔滔不绝的妈妈居然愣住了,变得哑口无言。

有时候,孩子会注意到父母忽略的东西,能把握住问题的真正要点,这种情况很常见。当父母发现孩子所说的话非常有道理,冲击到自己的内心时,常常会无言以对。

孩子说得对,对我们每个人来说,最重要的是与家人幸福快乐地生活,我们最看重的也是能否同家人和睦相处。与其担心其他人怎么看待我们,倒不如关注我们自己的事情。我想这也是妈妈们都能认同的观点。所以在与孩子说话时,我们不妨多说一些积极的话。

第五章　边叹气边说的话

"我总是和咱们附近的邻居说，
我们一家人在一起特别快乐，特别幸福！"

"你们家孩子啊，真是又聪明又伶俐啊。我们家孩子也是很懂事！"妈妈可以试着这样和邻居聊天。赞扬的话能起到很好的作用。

39."你这个孩子啊，做事前能不能先动动脑子！"

第五章 边叹气边说的话

孩子总是惹祸,真让妈妈担心啊

有的孩子常常上学迟到,还总丢三落四,吃饭挑食,自私任性,偶尔还会和其他小朋友打架。妈妈真是为孩子操碎了心啊!

妈妈恨铁不成钢地对孩子说:"你这个孩子啊!怎么老是这样啊,你以后会变成什么样啊……"您觉得当孩子听到如此牢骚满腹的话时,会有什么样的感觉呢?

妈妈貌似在问孩子"以后会变成什么样",可孩子听到的却是:"你将来一定会变成一个没用的人,你将来一定不会幸福的!""你啊,总是惹祸,将来可怎么办啊,妈妈可真担心啊!"这种话会对孩子造成非常强烈的冲击,让孩子眼前一片漆黑,内心充满不安,不知该如何是好。

可其实,妈妈说这话的本意并不是让孩子难过,无所适从。妈妈在说这话时,只是把自己内心的不满宣泄了出来,却没有在意孩子的感受。但这种不经意说出口的话却会让孩子心中一阵刺痛,难以忍受。

探索心中最真实的答案

当妈妈想到"哎呀,这个孩子又闯祸了。这样下去可怎么办啊"的时候,孩子是可以理解妈妈的想法的。

对于孩子来说,他们的成长基本忠于自己心灵和身体的欲求,他们能通过自己人生的经历和感受寻找到自己的人生之路。当他们终于探索到心中最真实的答案时,也是他们能够真正改变的时候。

所以,各位妈妈要做的就是尽量不要说个不停,而是耐心地陪在孩子身旁,等待他慢慢长大。

我并不是说父母什么话也不能说,只是请父母尽量不要常对孩子说批评的话,对孩子横加指责,应尽量多用积极的语言对孩子进行鼓励,让孩子的内心更加舒畅轻松。

"其实失败也没什么,我们总会有办法解决的。其实妈妈也是这样过来的呢。"

"你现在这个样子就很好了。无论什么时候,妈妈都会在你身旁,支持你,鼓励你。"

第五章　边叹气边说的话

"失败没有关系，一定会有办法的，
你现在这个样子就很好。"

> 有时候，妈妈可能会开玩笑地说："这个孩子真是我生的吗？怎么一点儿也不像我啊！"但这样的话对孩子是一点好处也没有的。

40."你啊,总是这个样子。上次你就是这样……"

第五章　边叹气边说的话

你怎么总这样，
总是在同一个地方失败

如果孩子把伞忘在学校，或者把老师要求交给家长的东西弄丢了。有些妈妈就会对孩子发牢骚说："你怎么总是这个样子，你上次就是这样……"如此喋喋不休地把陈芝麻烂谷子的事情都翻出来唠叨一遍。妈妈如果总这样对待孩子，孩子会难以忍受的。

当妈妈发牢骚的时候，孩子是很茫然的，他们已经忘记了过去发生的事情，也不明白妈妈到底为什么会大发雷霆。因此，孩子常常被妈妈的怒火弄得晕头转向，搞不清楚状况。

如果孩子忘了自己曾经失误的情形，在妈妈的震怒下回忆起之前不愉快的经历，就会觉得："妈妈怎么总是这样啊，她总是揪着过去的事情不放手。我在努力进步啊，可她对这些从来不理会。"孩子会变得十分烦躁。

妈妈要做到只说眼前事,不要翻旧账

家里夫妻吵架的时候,妻子总是能把丈夫的陈年旧账翻出来,觉得对方简直是太过分了。如此喋喋不休地数落,真是让丈夫招架不住。

如果我们能够成为聪明的妻子,避免以后再出现类似激烈的争吵,就要遵守一个原则:无论如何,我们只就事论事,不翻旧账。这样才能拥有一个和睦的家庭氛围。在养育子女时,我们也要遵循同样的原则。

为什么这么说呢?因为无论是父母还是子女,都是不完美的平常人,都是会犯错的。我们不能因为对方一时的过错而横加指责,而是应该容许对方犯错也容许对方改正。只有这样,一家人才能建立起更亲密、更和谐的关系。

如果孩子犯错了,妈妈当下批评一次就可以了。

"妈妈已经把要说的话都告诉你了。希望你今后能记得什么事情应该做,什么事情不应该做。如果你已经记住了,那妈妈就把这件事翻篇了。"

如果妈妈能够这样说,就可以缓解尴尬的气氛。母子二人也能够重露笑颜。

第五章　边叹气边说的话

"这件事情你要引以为戒,
以后不要再犯这类错误了。"

请妈妈一定要理解孩子,当孩子失败了,本就很难过的时候,再接受妈妈一通怒骂该有多伤心啊。

高情商妈妈的温柔批评课

41."你怎么就不能安静一会儿!"

第五章　边叹气边说的话

为什么总是辛苦我一个人啊

　　妈妈为了全家人努力操劳，辛勤工作，一不小心得了感冒不得不卧床休息的时候，爸爸和孩子却表现出一副不知情的样子，妈妈没人照顾。我接触的妈妈中，就有人有过上述的经历。

　　发生这样的事情，妈妈自己会觉得很难过，尤其是细想起来会更生气。其实每个人都一样，当我们伤心难过的时候常常会将这些委屈憋在心里，然后在某个时刻，将之前受过的委屈通通爆发出来。

　　这就如同我刚才所说的那样，妈妈在生病卧床期间，家里没一个人嘘寒问暖。妈妈肯定会对丈夫和孩子颇有微词，事后生气的时候就会忍不住说出这样的话："你们可真行啊，想当初我生病在床的时候谁来管过我啊，你们谁知道关心我啊！"在实际生活中，这类的话妈妈肯定经常脱口而出。

　　其实，孩子在这个时候是搞不清楚状况的。他们一时并不能了解妈妈为什么会如此生气,也不知道自己为什么要受到这样的责骂,会感到无所适从。妈妈可能是一时激动,把对丈夫和孩子的怨言都发泄在孩子身上了,但孩子却是无辜的。

妈妈胡乱发脾气,可不是个好榜样

每个家庭都差不多一样,妈妈在为家庭贡献着自己的力量。她们整日辛苦操劳,为的就是全家和气美满。所以很多妈妈都觉得自己如此奉献,是理应被家人感谢的。

然而,妈妈的努力和操劳,会被丈夫和孩子认为是理所应当的。这样的话,妈妈没有感觉到自己的辛苦操劳能够得到全家人的承认,也就十分沮丧了,变得牢骚满腹。家人整日在妈妈的唠叨下生活,自然也不会对妈妈有感激之情。

所以,我建议每天操劳的妈妈放松一下吧。无论是做饭、洗衣服还是打扫房间,不要期望着自己的劳动能得到所有人的赞赏。妈妈的心情放松了,全家人也会觉得更开心。

"抱歉,我刚刚乱发脾气了。"

"我每天想着家人幸福的笑脸,做家事的时候也觉得很开心。"

妈妈温柔的话语会让全家人受益。妈妈开心快乐地做饭、洗衣服的样子,也会在家人心目中留下深刻的印象。

第五章　边叹气边说的话

如果我们有温柔的情怀，
就要把这些温柔都传递出去。
这样的话，大家都会变得越来越温柔。

"妈妈心里充满了对你的爱。所以，无论妈妈为你做什么都非常高兴！"请各位妈妈对孩子说出类似这样温柔的话语吧。

高情商妈妈的温柔批评课

42."你啊,要是××一点就好了!"

第五章　边叹气边说的话

你这孩子真是让人无可奈何

　　妈妈常常把自家的孩子和邻居家的孩子拿来对比，对比之下觉得自己家的孩子个子矮，学习也不如人家优秀。于是，妈妈会忍不住摇摇头，叹气说："我家孩子，怎么就这么不如人呢？"
　　"你啊，要是能再××一点就好了……"
　　这话与其说是妈妈说的，其实更像评审委员对参加比赛的孩子所说的话。父母擅自对孩子提出要求。出于利己主义，给孩子制定了一个硬性标准。
　　如果听到妈妈这样叹气，孩子的心里也会变得不平静。
　　孩子可能对自己的身高也很在意，可他们再努力喝牛奶、做运动，身高还是不如邻居家的孩子高。如果妈妈总拿身高说事，孩子就越在意自己的身高。当他们无能为力时，只会感到自己不如人，开始自我否定，有时甚至还会发展到对其他任何事都反感，进而失去生活目标。

父母在不经意间就深深地伤害了孩子的心灵，夺走了孩子的自信和希望。我认为父母的这种行为相当于犯罪。我也希望孩子最好不要受到这些话的影响，能够健康快乐地成长。

妈妈要把对孩子的爱放在第一位

我在这里想说一句很冒失的话，如果孩子的个头儿再高一点或者学习更好一点，父母对孩子的爱就会更深一点吗？

各位妈妈肯定会说不是的，对不对？无论自己的孩子是什么样的，父母都是爱孩子的，而且这份爱是从父母心底里萌发出的最真切的爱。我想各位父母要做的就是珍惜自己内心对孩子的感情。

此外，妈妈还要把自己对孩子的爱，传递到孩子的内心深处，让孩子真切感受到您的爱。

"你能成为我的孩子，妈妈真是太高兴了！"

"妈妈有你这样的孩子，真觉得很幸运啊！"

类似这样的话，孩子在听到时一定会有些惊讶吧。他们可能还会有点脸红，把头偏到一边去呢。

即使孩子没有在脸上表现出来，其实他们的内心深处已经受到了震动，会非常感动。

类似的话能够影响孩子的一生。请各位妈妈都给孩子送上这份大礼吧！

第五章　边叹气边说的话

"妈妈有你这样的孩子真的很高兴。"

> 　　有的妈妈对自己的孩子总有不满，不能无条件地接受自己孩子的缺点。所以妈妈们一定要锻炼自己，让自己的心胸变得更宽广、更包容。

结语

在进行心理咨询或者心理治疗的时候，我经常会给咨询者提一些建议。其中很重要的一条就是要注意语言的重要性。其实人类的语言蕴含着生命的能量，一两句话可以让人产生继续生活下去的希望，也可以把人推向死亡的深渊。

我的读者朋友可能大都会同意我的说法，但是在日常生活中，我们一不留神就会说一些充满负能量的话，这种情况经常出现。

如果要追究造成这种情况的原因，有可能是因为我们在童年时被自己的母亲影响，不知不觉中接受了这些消极的

结 语

言辞。

　　妈妈口中所说的每一句话都有可能被孩子全盘接受，然后深深烙印在心里。几乎每一位女性在结婚生子之后，都会将自己儿时从妈妈那里听来的话再原原本本地说给自己的孩子听。这种情况绝非个例。

　　"你太吵了，不要哭了，行不行？"

　　"我不是告诉过你不行吗，你怎么这么不听话啊！"

　　这些曾在儿时伤害过自己的话，妈妈往往在没有察觉的情况下就传递给了孩子。

　　"哎呀，我现在说的话真的和我妈妈当年说的一模一样，连声调和语气都完全一样，真是太可怕了！"有的妈妈可能会恍然大悟，会忽然想起小时候听妈妈说这些话时，自己心里有多么难过，然后决定要吸取教训，绝不能对自己的孩子也说出同样的话。

　　不同的心态决定了我们说出不同的话。让我们看清自己的心，从根本上改变我们所说的话。

　　我希望这个世界上的每一位妈妈和孩子都是快乐的，我会祝福大家的。

金盛浦子